伟 大 的 思 想
GREAT IDEAS

10

论自杀
ON SUICIDE

〔英〕大卫·休谟 著

李小均 译

商务印书馆
The Commercial Press

ON SUICIDE
by David Hume
Selection copyright © Penguin Books Ltd
Cover artwork © Phil Baines
Simplified Chinese edition copyright © 2023 by The Commercial
Press in association with Penguin Random House North Asia.
All rights reserved.

 "企鹅"及相关标识是企鹅兰登已经注册或尚未注册的商标。未经允许,不得擅用。
封底凡无企鹅防伪标识者均属未经授权之非法版本。

涵芬楼文化　出品

↣ 译者序

英国思想史家巴塞尔·威利说,如果一定要选一朵娇花来代言18世纪的英伦心智,那么非大卫·休谟莫属。

1711年,休谟出生于苏格兰爱丁堡一个有教养的家庭。他很早慧,十二岁就入读爱丁堡大学。家人希望他将来从事法律职业,帮他选了法学专业,但他对法学不感兴趣,认为从老师那里学不到东西,因为那些东西书本上都有。他的兴趣所在是哲学和文学,阅读的是西塞罗和维吉尔等人的著作。他家虽不富裕,但还是有足够的财力,让他大学毕业后放弃法律这个行当,转而以一种散漫的方式,致力于哲学和一般学术的研究。1734年,在布里斯托尝试经商失败后，他经历了一场理性的危机，在一刹那的灵感中发现了他真正的职业，决心要过"极其简朴的生活以应付我那有限的财产，以此确保我的独立自主性，并且不用考虑任何除了增进我的文学天分以外的事物"。他去了法国，在接下来的四年里撰写了他的哲学巨著《人性论》。前两卷于1739年出版，第三卷于1740年出版。虽然现代的学者大多将此书视为他最重要的一部著作，也是哲学史上最重要的著作之一，但此书刚出版时并没有获得多少重视。当时他很年轻，还不到三十岁；他还没有名气，而且他的各种结论又是几乎一切学派都会不欢迎的。他期待受到猛烈的批判，也做好了反驳的准备。孰料事与愿违，如他自己所说，"它从印刷机中死产下来"。他差点儿精神崩溃，"但是，我天生就性情快活乐天，不久便从这个打击下恢复过来"，把精力转移到散文写作中。1742年，他出版了《道德和政治论文集》。1744年，他试图在爱丁堡大学得到一个教授职位，未成。此后，他做过一个勋爵的私人教师，陪同一个将军参加过一次反对法国的军事探险，参观过维也纳和都灵的法庭，随后返回苏格兰，避居乡间，重新大胆投身哲学。1748年，他出版了第二部论文集《人类理解研究》。1751年，他略去《人性论》里的精华部分以及他的结论的大多数根据,将其改写为《道德原则研究》出版。该书长时期内比《人性论》著名得多。把康德从"独断的睡梦"中唤醒的就是这本书,康德好像并不知道其母本《人性论》。

1752年,休谟返回爱丁堡,出版了一些政治论文集。1755年到1761年,他开始陆续出版他著名的《英国史》。他没有得到哲学家的名声,现在史学家的声望降临于他,《英国史》全部问世时,他已名满天下。两年后,他供职于巴黎的英国大使馆,在那里很受巴黎知识界器重。1766年,他返回爱丁堡,接着做了副国务大臣,两年后告退,闲居故里,安度余生。这时,他被公认为当世第一流的天才人物之一。

1776年,休谟与世长辞,享年六十五岁。他曾经自拟悼词,描述自己性格:"我本人秉性温和,会克制脾气,性格开朗,乐交友而愉快;可以有眷爱,但几乎不能存仇恨;对我的一切情感都非常有节制。即便我的主情——我的文名欲,也从未使我的脾气变得乖戾,尽管我经常失望。"所有这些话从我们对他所知的一切事情中都得到了印证。他至死是个无神论者,为友人们所爱戴。亚当·斯密谈到休谟时说:"他欢快的脾气在交往中令人愉快,也常不免伴有琐屑和浅薄的品性，而这一切在他身上都伴随着最严肃的专心，最精深的学问，最深刻的思想和无所不通的能力，所有这一切都使我认为他在人类脆弱的本性所能接受的范围内有最臻于完善的智慧和有德之人的理性——无论在他生前还是在他死后。"

罗素认为，休谟"是哲学家中最重要的人物之一，因为他把洛克和贝克莱的经验主义哲学发展到了它的逻辑终局……使它成了难以相信的东西"。以赛亚·伯林认为，休谟"有权利认为自己是英国最伟大和最革命的哲学家""没有谁比他更深刻、更激荡人心地影响过哲学思想的历史"。作为他自己或者任何时代最大的、最反对偶像崇拜的哲人之一，休谟不但颠覆了"笛卡尔及其追随者建构起来的哲学城堡"，更是摧毁了传统中一切关于"物质、灵魂、上帝、自然、因果、奇迹等的信仰"。可以说，他是思想史上分水岭式的人物。正如巴塞尔·威利所言，"休谟出现以前，是经验主义和感觉主义，休谟出现后，是康德的'哥白尼式革命'；休谟出现以前，自然和理性携手而行，休谟出现后，自然和情感携手而行"。他证明了人不能只依靠理性生活。他不仅渴望摧毁纯粹理性脆弱的上层建筑，还希望显示"相信本能、沉湎于自然、不受任何逻辑幻象的愚弄是一件好事"。

　　休谟一生以学人自居，一生挚爱文学。在休谟的时代，"文学"是一个很宽泛的概念，涵盖了整个学术界，包括历史、神学、哲学和宗教等。休谟的《道德和政治论文集》就是这样一部内容广阔的"文学"作品。本书收录的九篇文章，均选自休谟的论文集，思想主张自成一体，富于哲理。休谟在年轻时相当喜欢阅读约瑟夫·艾迪生主持编辑的杂志《闲谈者》，他的笔调也模仿这位略早于他的散文家，"既似论说，也带有小品随笔的风味，写得亲切生动、启人思索，当时流传颇广，影响较大，据说对后来的法国革命领袖和美国开国元勋均产生过一定影响"。休谟在各个学科之间往来穿梭，自由翱翔，但并非卖弄学问。伯林十分服膺他的文风，认为休谟是"那个格外明晰的时代中最流畅的哲学著作家"。威利也认为休谟的文字"端庄得体，光彩夺目，令人情不自禁地汗颜不已"。译者有幸翻译休谟这样的文字，时时有高山仰止之叹。勉力而为，舛误难免，敬希方家指正。

李小均

目 录

论自杀	1
论人性的高贵与卑贱	13
论悲剧	23
论品味的标准	35
论精致的品味与精致的情感	65
享乐主义者	71
斯多葛主义者	81
柏拉图主义者	93
怀疑论者	99

✈ 论自杀

我们且在此审视所有反对自杀的一般观点，努力恢复人天生的自由，表明自杀行为可能不受任何归罪或指责，符合古代哲人的情感。

如果自杀是有罪行为，它肯定就违背了我们对上帝、邻人或自己的义务。

要证明自杀没有违背我们对上帝的义务，考虑以下因素或许就够了。为了统治物质世界，上帝制定了不可改变的普遍法则，从最大的星球到最小的微粒，所有物体按照这些法则在适当的空间和功能中得以维持。为了统治动物世界，上帝赋予所有生灵身心力量，赋予它们官能、情感、欲望、记忆和判断，在生命过程中，所有生灵在官能、情感、欲望、记忆和判断的驱使或调节下走向命定的目标。物质世界和动物世界的这两套法则截然不同,一直以来,它们相互侵犯,同时共同阻碍或推进彼此的活动。人和所有其他动物的力量都受到周围物体的属性或性质的约束和引导。这些物体的变化和活动,也不断因动物的活动而改变。人在世上行走时,会遇到河流的阻挡。河流只要正确引导,就可以将流水引向机器产生水力,为人服务。物质力量和动物力量不是截然分开的范畴,在创造中并不由此产生不谐或失序。相反,物质和生灵不同力量的混合、统一和对照,会产生惊人的和谐与比例,为最高的智慧提供最可靠的理由。

上帝不会在任何活动中立刻显现,而是借助从时间开端就制定下的不可改变的普遍法统治万物。某种意义上,一切活动都可称之为上帝的活动;因为推动它们之力,正是上帝赋予一切造物之力。一间承受不了自重而倒塌的房子,与被人推倒的房子一样,都是命定。同样,人的能力既可以说是自己磨炼,也可以说遵循运动原理和引力法则。无论是情感产生,还是判断给出指令,还是四肢服从,都是上帝的活动。上帝借助物质世界和动物世界的两套法则，确立了对宇宙的统治。

上帝一眼就能看见最遥远的时空。在他的眼里一切事件同样重要。无论对我们重要与否，任何事件都逃不过他为统治世界而制定的普遍法则，他也不会专门保留任何事件，作为自己即刻的行为和活动。城邦和帝国的革命，系于个体微末的冲动或情感。人之生命的伸缩，系于偶然的一丝空气或一顿饭食，系于阳光或风暴。自然不会间断进程和运行；如果上帝出于特定的意志打破了普遍法则，也是以人完全注意不到的方式。神在创造中使用的元素和其他物质，在不断活动的过程中不会在意人的特定利益和处境，因此，人在遇到各种惊奇的事情时，神让人自己判断，斟酌处理；为了求得舒适、幸福或生存，人可以利用上帝赋予的才能。

一个人厌倦了生命，被痛苦和不幸追逐，他鼓起勇气克服了对死亡的天生恐惧，决定从残酷的生活现场逃离，我要是说，他侵犯了上帝的主权，破坏了宇宙的秩序，招致造物主的愤恨，那么，我依凭的是什么法则？我们是否可以说，上帝以特殊的方式把对人之生命的处理捏在自己手中，没有把这件事——无论它与别的事多么相同——交给统治世界的那些普遍法则？这种说法显然是错误的，因为人的生命和其他动物的生命一样，都依赖同样的法则，都遵从物质和运动的普遍法则。倒掉的塔楼，注射的毒物，既可以害死低贱的生物，也可以害死高贵的人类。汹涌的洪水，所到之处席卷一切。既然人的生命永远遵从物质和运动的普遍法则，那么，一个人自杀不就是有罪的吗？毕竟，破坏普遍法则或者打乱其运行，都是有罪的行为。但这看起来荒唐。所有的生灵，上帝为其在世上的活动赐予了审慎和技艺。只要力之所及，他们完全有权改变自然的一切运行。若不运用这种能力，他们一刻也不能生存。人的行为或活动，对于物质的一些部分的秩序会有影响，使运动的普遍法则偏离了常轨。总而言之，我们发现：人的生命遵从物质和运动的普遍法则；打乱或改变普遍法则不是对上帝主权的侵犯。既然这样，一个人不就可以自由处理自己的生命吗？他难道不是合法地利用自然赋予他的能力？

为了摧毁这个结论的证据，我们必须给出理由，为什么自杀是例外。难道是因为人的生命如此重要，以至于人的审慎不敢冒昧处理它？可是，一个人的生命对于世界来说并不比一只牡蛎重要；即便人的生命非常重要，人性的命令实际上已经把它交给了人的审慎，在每一件事情上，只要关系到它，都尽可能不要我们做决定。

假如处理人的生命是全能上帝保留的特权，一个人处理自己的生命，就是对上帝主权的冒犯，那么无论是保存生命还是毁灭生命，都是同样的犯罪。如果我躲开正要掉落在我头上的石头，我就打乱了自然的进程，因为我延长了性命，超出了上帝按照物质和运动的普遍法则分配给我的生命长度，侵犯了上帝的特权。

一个强大的生灵，无论其生命多么重要，既然一根头发、一只苍蝇或一个虫子，都能够毁灭它，那么，认为人的审慎可以合法地处理系于那样微不足道的原因的生命，岂不荒谬？

只要我能达到目的，要让尼罗河或多瑙河改道，这不应是犯罪行为。同理，只要一点点血液偏离它自然的航道，这犯了哪门子罪？

我结束了生命，为生活画上了句号——这种生活要是继续，会让我痛苦万分——你就认为我是在抱怨上帝，诅咒造化吗？绝对不是。我只相信你承认是有可能的事实，人生可能不幸；即便苟延残喘，活着也没有意思；但我还是感谢上帝，让我享受了美好生活，赋予了逃避威胁着我的厄运的能力。对于你来说，这属于抱怨上帝，因为你愚昧地认为，你没有那样的能力，你必须延长你仇视的人生，充满痛苦、疾病、羞辱和贫穷的人生。

莫非你是教导，当厄运降临，哪怕是由于敌人的恶意，我也应该顺从天命？正如物质的活动一样，人的活动也是上帝的安排？因此，当我倒在自己剑下，我同样是从上帝之手领受我的死亡，就像死于狮子之口、悬崖之下，或发烧所致。

每当厄运降临在你头上，你都需要服从天命，但这并不排除要尽人力，如果可能，借助人力，我能躲避或逃避厄运。因此，除了听天命，为何不可尽人力呢？

如果我的生命不属于我自己，那将之置于危险或任意处理它，我认为就是犯罪。一个人要是把光荣和友谊置于最危险的境地，他也难以配得上英雄的称号。一个人要是面临危险，就把生命画上句号，他也只配称得上是小人或懦夫。

一切生灵的能力或才华都是上帝所赋予。一个人的行为无论如何反常，都不可能破坏天命的安排或打乱宇宙的秩序。宇宙的活动，遍布世界的因果之链，都是上帝的旨意。无论哪一种法则占据主导，我们都可据此得出结论，那是上帝最喜欢的法则。无论是生命体还是无生命体，是理性动物还是非理性动物，都是一样，其力量仍然来自最高的造物主，同样可以用天命来理解。当痛苦造成的恐惧压倒了对生命的热爱，当一个主动的行为预料到了不明原因的后果，这只是上帝植入其造物之力量和法则的结果。天命不可违，人根本伤不着它。

古罗马人有一种迷信，认为让河流改道或者破坏自然之道，就是渎神。古代法国人也有一种迷信，认为天花接种，或故意制造瘟疫干预天命，就是渎神。现代欧洲人的迷信观念认为，结束我们自己的生命就是渎神，背叛造物主。我想问，建房、耕地或航海，为什么不是渎神？在所有这些活动中，我们都利用了身心的力量，改变了自然之道。它们与别的活动有什么两样。因此，这一切活动要么都无罪，要么都有罪。

可是，上帝把你当作一个哨兵安置在一个特定的哨所。如果你没有得到召唤，就擅离职守，你同样有罪，因为你背叛了上帝，让他不高兴。我想问，凭什么你说，上帝将我安置在这个哨所？我认为，我的出生是一条漫长的因果链在起作用，其中许多环节都依靠人的自愿行动。**上帝在主导所有的因果，宇宙中发生的一切无不得到上帝的同意和配合。**如果是这样，我的死亡无论是否出于自愿，都是得到了上帝的同意。只要痛苦超过了忍耐的极限，使我厌倦了人生，我就可能得出结论，上帝在以最清晰和最迫切的语言召唤我离开哨所。

诚然，的确是天命把我此刻安置在这个哨所。但是，只要我认为合适，难道我就不可以离开，而不会受到擅离职守的指责？我要死的时候，我得以构成的那些法则仍将在世界中起作用，在宏大的组织结构中同样起作用，正如它们构成我这个生命时一样。我待在这个哨所和离开这个哨所，对整个世界不会有任何影响。当然，对于我来说，一种变化会比另一种变化重要，但对于整个世界来说并不重要。

认为任何造物，都能打搅世界的秩序，或者侵犯神圣的天命，这种观念才是渎神！这种观念认为，造物具备一些能力和才华，不是来自上帝，它们不受上帝的统治和主宰。无疑，一个人可能扰乱社会，因此引起上帝的不悦。但是，这个世界的统治权，远非一个人能摸得着，远非他的暴力能够撼动。对于那些扰乱社会的行为，上帝是怎么显现他的不悦呢？是靠他植根于人性的那些法则，如果我们对自己扰乱社会的行为产生了负罪感，那些法则就会激发出我们的悔恨，如果我们看到他人在破坏社会，那些法则就会激发出我们的谴责和反对。我们现在就来按照上面提出的办法考察一下，自杀是不是属于这种破坏行为，违背了我们对于邻人和社会的义务。

一个从生命中退场的人，对社会没有危害，他只是不再行善，如果这是一种对社会的伤害，也是最小的伤害。

我们对于社会行善的所有义务似乎都暗示了某种回报。我得到社会的好处，因此应该推进社会利益。假如我完全脱离了社会，我还要受到限制吗？

即使承认我们行善的义务是永久的，它们肯定也有一些条件限制。我没有义务以自己的巨大伤害为代价，来为社会行小善。既然如此，我为什么要因为社会可能从我这里得到一些小善而延长痛苦的生命？如果是因为年老体衰，我可以合法地退休，全身心地防范灾病，尽可能减轻未来生活的痛苦，那么，为什么我不能采取一种对社会不再有伤害的行为，立刻提前结束痛苦？

假设推进公共利益不再是我力所能及，假设我对公共利益已成负累，假设我的生命妨碍了他人对社会更加有用，在此情况下，我放弃生命不仅无罪，而且值得赞美。大多数想放弃生命的人，都是如此；而那些有健康、能力或权力的人，通常有更好的理由与世界保持融洽关系。

一个人为了大众利益而参与谋反，要是受到怀疑，受酷刑折磨，知晓自身人性的弱点，恐怕保守不了秘密，他急忙结束自己痛苦的生命，对公共利益岂不更有利？这就是佛罗伦萨著名的勇士斯特罗齐的例子。

再如，假设一个恶人受到公正惩罚，死得很不光彩。能否想出任何理由，解释他为什么没有料到自己的下场，为什么不免受这一切痛苦，考虑各种痛苦的死法？他和下令处斩他的官吏一样，都侵犯了上帝的事务。他要是主动自杀，会对社会同样有利，因为社会少了一个有害的渣滓。

没有人可以质疑，自杀往往可能符合我们自己的利益，符合我们对自己的义务，因为我们承认，老年、疾病或不幸都可能让生命成为负担，让人觉得生不如死。我相信，只要值得，没有人会抛弃生命。因为我们天生害怕死亡，微不足道的动机绝不会让我们放弃对死亡的害怕。尽管一个人的健康或命运状况看起来或许并不需要放弃生命，但我们至少可以确信，任何没有明显原因采取这种解决办法的人，其性情一定受到难以愈合的绝望或忧伤的折磨，就像所有的欢乐都遭到了毒害，让他同样感觉痛苦，如同背负最痛苦的不幸。

如果自杀被认为是一种罪，那么我们走向自杀，只是因为怯懦；如果自杀不是罪，那么当生命变成一种负担，审慎和勇气都会鼓励我们立刻结束人生。这是我们唯一可以继续对社会有用的方式，因为我们树立了一个可以仿效的榜样，对于每个人来说，这都为他保留了生命中享有幸福的机会，有效地让他摆脱一切危险或痛苦。

➤➤ 论人性的高贵与卑贱

正如政界的一些帮派，学界也有一些门派是秘密形成的。尽管有时它们并不会公开宣布决裂，但它们会突然转向其他的立场和思维。其中，最值得注意的是把人性的高贵建立在不同情感之上的派别。从古到今，这个问题似乎不仅分裂了神灵，也分裂了哲人和诗人。有些把人类捧上天，把人描绘成半神半人，源于天神，世系血统中保留了明显的印记。有些人坚持认为人性蒙昧，认为人类身上除了虚妄，就没有什么胜过人类如此鄙视的其他动物。如果一个作家具有修辞和激辩的才华，他通常加入赞颂的行列；如果他的才华在于反讽和嘲笑，他自然就走向贬低的极端。

我不认为所有贬低人类的人都是美德的敌人，是不无恶意地暴露人类的缺点。相反，我完全明白，某种道德的敏锐，加之易怒的脾气，很容易使一个人厌世，也很容易使他对人类事务这门公共课产生太多的义愤。不过，我必须承认，倾向于认为人性高贵，比起告诉我们人性卑贱，对于美德更有好处。如果一个人对他生来的地位和品质预先有褒赞，他自然会努力去企及，他会鄙视做卑贱邪恶的事情，认为这可能导致他堕落，达不到自己想象中的形象。因此，我们看到，我们所有高雅的主流道德家都坚持认为，致力于表现恶是可憎的，是人所不屑为的。

我们发现，几乎所有的争论都是由于表述含混造成的。我相信，现在这场关于人性是高贵还是卑贱的争论，也不是例外。因此，值得思考一下在这场争议中哪些是实话，哪些是空谈。

一个明理的人不会否认优点和缺点、美德和邪恶、智慧和愚蠢之间有天生的区别；但显而易见，在选择表达褒贬之词时，影响我们的往往是比较，而不是事物性质中某种固定的标准。同样，每个人都承认数量、长宽、大小都是实际存在的，但当我们说某个东西是大动物还是小动物时，我们总是悄悄将其与同类比较。正是这种比较决定了对它是大是小的判断。一条狗和一匹马可能同样大小,但我们会说这条狗真大,这匹马真小。因此,当我现在来讨论人性的问题时,我就得想想争辩的主题是不是一个比较的问题。若是,就得想想争辩者比较的是完全同类的东西,还是谈论大不相同的东西。

我们形成人性的观念时,喜欢在人和其他动物之间对比。由于人是唯一意识到自己具有思想的动物,所以这种比较确实对人有利。一方面,我们看见有这样的人:他的思想不受狭隘时空的限制,他的探索进入了地球上最遥远的区域,甚至超出地球抵达了星空和天体;他在回望中思考起源,至少是人类历史的起源,他在前瞻中看到自己的行为对后代的影响,能对千年后人类的面貌做出判断;他对因果的追踪达到了恢宏的范围和细微的程度;他能从特殊现象中提取普遍的法则,改进自己的发明,纠正自己的错误,能从自己的错误中汲取教训。另一方面,我们也看到有完全相反的人:他的观察和推理局限在周围几个可感知的对象;他没有好奇心,缺乏远见;他靠本能盲目行动,尽管在很短时间内就达到了完善的地步,但过此他不会再朝前迈进。

这两类人的区别是多大呀！正是在与后一类人的对比中，我们才赞叹前一类人的人性是多么高贵。

要推翻这个结论，通常可以用两种办法：其一，对人类做不公平的描述，坚持认为人性卑贱；其二，在人类和全知全能的上帝之间悄悄地做新的对比。在人的卓越才华中，有一种是他能超越自身的体验形成一个关于完美的观念，在他关于智慧和美德的观念里，他可以不受限制。他可以轻易拔高他的观念，想象出全知全能的存在，相形之下，他自己的知识就显得不值一提，某种意义上，人类和其他动物的那一点区别也就消失得无影无踪。现在，世人都同意这一点，人的理解力永远无法接近全知全能的上帝，那么，在做出这种比较时我们应该知道，在我们的情感中没有真正相区别的地方，我们就可以不用继续争论。正如其他动物达不到人类的智慧，人类也达不到上帝的智慧，更别说达到他心目中的完美。但是，人类和其他动物的区别是巨大的；只有与全知全能的上帝相比，人类和其他动物的区别才显得微不足道。

人们通常也把一个人与另一个人对比，发现能够称得上有智慧或有美德的人很少，于是就容易接受人性卑贱的观念。可以说,我们可能理解这种推理的谬误,智慧或美德之类的美名,其实与任何特定程度的智慧或美德的品质没有关系,只不过完全来自我们在一个人与另一个人之间的比较。当我们发现一个人达到了不同寻常的智慧高度,我们就说他是一个智慧之人。因此,说世上智慧的人很少,实际上等于白说;正是因为罕见,他们才享有智慧的美名。如果人类中最低级的都像西塞罗或培根一样聪明,我们仍然有理由说,智慧的人很少。因为要是那样,我们会吹捧我们关于智慧的观念,不会对才华上并不特别突出的人给予特别的尊敬。同样,我还听一些轻率的人说,只有少数女人堪称美人,因为相比之下,其他女人缺少那种美。他们没有考虑到,我们只是把"美"这个形容词仅仅用在具有某种程度之美的少数女人身上,实际上,所有女人都在某种意义上是美人。一个女人某种程度的美,会被人们称为丑,可要是在我们男性身上,会被当作是真正的美。

在形成关于人类的观念时,正如我们通常把人类同其他高于或低于他的族类进行比较,或者在人类的个体之间进行比较,同样,我们也经常对人性中的不同动机或激发法则进行比较,以便规范我们对于人性的判断。事实上,这是唯一值得我们注意的一种比较,它决定着当前讨论的人性问题的一切方面。如果我们自私和邪恶的动机过分凌驾于我们社会和美德的动机,正如一些哲人断言的,我们无疑就会认为人性是卑贱的。

在所有这些争论中,许多属于语词之争。当一个人否认所有的公共精神和对国家、社会的真诚感情,我就不知道该怎样看待他了。或许,他从来不曾以清晰明白的方式感受到这种情感,从而消除对其力量和真实性的怀疑。但是,除非他进而否认没有掺杂自利自爱成分的私谊,那么我敢保证,他滥用了语词,混淆了事物的概念,因为任何人都不可能如此自私,或者毋宁说如此愚蠢,分辨不出人与人的差异,挑选不出值得他赞美和尊崇的品质。我想问,难道他像对友谊也像对愤怒一样假装无动于衷?难道伤害和冤枉对他的影响,也和仁慈或恩惠对他的影响一样?不可能。他只是不知道自己而已:他忘记了内心活动;或者说,他在使用一种不同的语言,没有按照正确的名字指事。我还想问,你所说的自然感情是什么?那难道不是一种自爱吗?是的，一切都是自爱。你爱你的孩子，因为他们是你的孩子；你爱你的朋友，因为他们是你的朋友；你爱你的国家，因为它与你有关系。如果去掉了自我的观念，那就没有东西会影响你，你也就完全死气沉沉、麻木不仁。但要是你在任何活动中眼里只有自己，那只是由于虚荣，渴望为自己赢得声名。只要你承认这些是事实，我要说，我愿意接受你对人类行为的解释。自爱体现在对他人的善良；你必须承认，提倡自爱的人类，对人类行为有巨大的影响，许多情况下，提倡自爱的人类比保持原始模样和形式的人类，对人类行为的影响更大。你看，有家庭、孩子和亲友的人，有几个人是只顾自己享乐，不花时间照顾亲友、教育孩子的？正如你所见，这都源于他们的自爱，因为他们家庭和朋友的发达，正是他们的荣耀和快乐，甚至是主要的荣耀和快乐。如果你也是这些自爱之人中的一员，你就会相信每一个人都有善良的想法和意愿，你也不会为听到下面的说法而感到震惊：每个人的自爱，在自爱的人群中我的自爱，会使我们趋向于为你服务，说你的好话。

在我看来，有两件事情导致有些哲人坚持认为人性自私。其一，他们发现每种德行或友谊都伴随着秘密的愉悦，他们就此得出结论，友谊和德行不可能是无私的。但这种看法的错误是显而易见的，因为是善良的感情或激情产生了愉悦，而不是相反。我为朋友做好事时感觉到了愉悦，是因为我爱他；我不是为了愉悦才去爱他。

其二，人们总是发现有德之人远非对赞美淡漠，因此，就把他们描绘成虚荣之人，说他们只想得到他人的称赞。这也是错误的看法。在这个世界上，如果在一个值得称赞的行为里发现了一丁点虚荣的气息，于是就此贬低这个行为，或者把它完全归于为了虚荣，这是很不公正的。虚荣的情况与其他情感不同。如果貌似有德的行为里掺杂了贪婪或报复，我们也很难判断究竟掺杂了多少，因此自然就会假定贪婪或报复是唯一起作用的动机。但虚荣与美德却可以如此紧密相连，喜欢"爱做好事"的名声与"真的喜欢做好事"如此接近，比起其他的感情，这些感情更可能是混合体。爱做好事的美德不夹杂一些虚荣，这几乎是不可能的。因此，我们发现，这种对于光荣的渴望总是复杂而多变，取决于它所寄生的那颗心灵的特定品味或性情。尼禄和图拉真都同样的虚荣,只不过前者寄情于马车竞赛,后者寄情于用正义和才干治理帝国。热爱德行带来的光荣,正是热爱美德的明证。

➳ 论悲剧

一部写得很好的悲剧,观众从悲伤、恐惧、焦虑以及其他本身说来令人讨厌和不安的情感中获得愉悦,这似乎难以解释。观众越受触动和感染,就越喜欢这部悲剧;一旦这些不安的情感停止活动,悲剧也就结束了。这种悲剧至多只能包含一个欢乐、满足和安全的场景,可以肯定总是出现在结尾。在戏剧进程中,如果还穿插了令人宽慰的场景,它们也只提供快乐的微光,通过各种方式投射,借助烘托和反差,让戏中人物坠入更深的悲伤。悲剧诗人的艺术,就在于唤起和激发观众的同情、义愤、焦虑和遗恨。观众越受折磨,就越会产生快感。他们最开心之时,莫过于流泪、抽泣或大哭之际。他们发泄完忧伤，放松的心情充满了温柔、同情和怜悯。

一些具有哲学气质的批评家注意到了这种独特现象，想法子加以解释。

杜波斯神父关于诗与画的思考认为，通常说来，对心灵最有害的是那种失去了一切激情和消遣之后陷入的麻木怠惰。为了摆脱这种痛苦状态，心灵必须追求各种愉悦和目标，比如商务、游戏、表演、制作等，只要能引起欲望，转移注意。无论这种欲望是什么，即使令人不快、苦恼、忧伤和混乱，也好过因极度的平静而滋生的麻木怠惰。

这种解释至少部分是令人满意的，不承认这点是不可能的。你可能看到，如果有几桌牌戏，哪一桌打得热烈，人们就会跑去围观，哪怕其中没有最好的牌手。大起大落会引起强烈的感情，这种看法，或至少可以说是想象，影响了观者的同情，给了他同样的感触，给了他一时的欢娱。这使他的时间过得更容易，减轻了日常劳作之下的压力，转移了思虑。

我们发现，一般爱说谎的人总是爱夸张，无论是对危险、痛苦、不幸、疾病、死亡、谋杀和酷刑，还是对快乐、美丽、玩笑和辉煌，都会夸大其词。

他们有一个荒唐可笑的秘诀来取悦同伴,引人注意;他们通过煽动起同伴的激情或情绪,来维持他们之间神奇的关系。

但是,这种解释无论看起来多么新颖和令人满意,还是难以圆满回答我现在在讨论的悲剧问题。可以肯定,同样一件充满苦痛的东西,放在悲剧中我们觉得愉悦,但要是真的摆在我们面前,就会不折不扣地让我们苦恼,即便它也应该是治疗我们怠惰的最好药方。丰特奈尔先生似乎意识到了这个难题,试图对此现象做出另一种解答,也可以说是对上述解释的补充。

他说,"快乐和痛苦是完全不同的感觉,但就其成因而言差别却不太大。这就好比挠痒痒,正开心的时候,要是加一点力,就会觉得痛;要是再减一点力,又会感到开心。因此,从中可以推知,有那样一种可以接受的轻柔悲伤:那是削弱和减轻之后的痛苦。心灵天生喜欢受到感动和影响。忧伤的东西适合打动心灵,甚至灾难性的和痛苦的东西,只要被环境缓和,也适合打动心灵。确实,舞台上的表演有几乎可以乱真的效果;但它不可能完全真实。无论我们可能多么深陷于情节的悲伤,无论感官和想象怎么僭越我们的理性,我们内心深处仍有一种确凿的观念,即我们看到的纯属虚构。这种观念微弱而隐蔽,但足以减少我们看到深爱的剧中人物遭遇不幸时所感到的痛苦,足以减少那种痛苦到将其转化成愉悦的地步。我们因为同情主人公而洒泪。同时,我们一想到这是虚构的就会自我宽慰。正是这种混杂的情感,构成了可以接受的悲伤;正是这些眼泪,让我们觉得喜悦。但是,由于可感知的外物引起的痛苦比内在的反思产生的慰藉更强,所以,在混杂情感的构成中,悲伤的效果或迹象应该占据主导"。

这种解释看起来公正合理,有说服力。不过,它也许还需要新的补充,才能圆满回答我们在此考察的现象。雄辩激发的一切感情,在最大程度上都是可以接受的,这与绘画和戏剧引起的感情一样。从这个角度来看,西塞罗的收场诗深受每个有品位的读者喜爱。如果没有深切的同情和悲伤,其中一些诗是难读的。无疑,西塞罗作为演说家的名声,很大程度上依靠这方面的成功。当他的慷慨陈词让法官和听众感动得流泪时,这些人就会非常高兴,对他的辩护表示满意。关于韦雷斯残杀西西里岛的船长们的悲惨场面的描绘，就是这类雄辩的经典；不过我相信，没有人会认为置身于这样一个悲伤的自然场景中会有任何乐趣。这里的悲伤也不会因为是虚构而淡化；因为观众相信这一切都是真实的。那么，在这种情况下，到底是什么从不安的心底激发出快感？也就是说，这种仍然保留了痛苦和悲伤的所有特征和外部征兆的快感，究竟是什么引起的？

我的回答是，这种特别的效果就来自表现悲伤场景的雄辩。要生动地再现对象，一位天才既需要技艺，也需要判断力，技艺体现于收集各种悲伤的情景，判断力展示在如何处理。我认为，运用这些高贵的才能，加上演说的表现力和音乐美，会带给听众最大的满足，令他们手舞足蹈。通过这种方法，忧虑不安的情感不仅被更强大的对立情感压制和消除，而且这些情感的所有欲望都转化成了愉悦，增加了雄辩在我们心中引起的快乐。同样的演说能力，如果施之于没有兴趣的题材，不但产生不了一半的满意效果，甚至还会显得十分可笑。心灵要是停留在绝对静止和冷漠的状态，就不会欣赏任何想象力和表现力的美。这些美，若与真情结合，原本会给心灵带来美妙的享受。冲动或激情，源于悲伤、同情和愤怒,从美的感受中获得了一种新的方向。美的感受是主导性的情感,它抓住了我们的心灵,将悲伤、同情和愤怒等情感也转化成了美感,至少会强烈地感染它们,完全改变它们的性质。总的来说,心灵若被情感激发,也被雄辩迷倒,就会感觉到强大的快感。

悲剧也是同样的道理。还要再补充一句,悲剧是对现实的模仿;模仿总是令人愉快的。环境的作用就在于进一步抚平情感的波动,把整个感情转化成统一而强大的享受。在绘画中,最令人恐惧痛苦的东西比看起来冷静而美丽的东西更使人愉悦。唤起心灵的情感,会激发出大量的激情;这些激情在主导性情感之力的作用下全都转化成愉悦。因此,正是虚构的悲剧,通过注入新的感情,而非仅仅削弱或减少痛苦,才缓和了悲伤的情感。你可能逐步削弱真正的悲伤,直到它完全消失;但无论在哪一步,它都不会给你愉悦;除非,也许是偶然,它给麻木不仁的人带来愉悦,把他从麻木不仁中唤醒。

要证明这个道理,举一些例子就够了,只要在那些例子中,次要的情感转换成了主导性的情感,给后者带来了力量,尽管是不同的,有时甚至是性质完全相反的力量。

比如，新奇自然能够吸引心灵，吸引我们的注意；新奇引起的那些情感，总是转化为属于对象的情感，将它们的力量汇入后者。一个事件，只要是新的或不寻常的，无论激起快乐还是悲伤、骄傲还是耻辱、愤怒还是善意，肯定都会产生一种更强大的情感。尽管新奇本身是令人愉悦的，但它既加强了快感，也加强了痛感。

假如你想通过讲述一个事件来打动一个人，增强效果的最好办法，是巧妙地吊他胃口，不告诉他是什么事情。你在让他知道秘密前，先要引他好奇，让他急不可耐。这是莎士比亚笔下那个著名场景中伊阿古的手段。观众都知道，奥赛罗急于知道答案，他的嫉妒获得了额外的力量；在这里，次要的感情已经做好准备转化成主导性的情感。

再如，难度会增强各种感受；通过引起我们的注意，激发我们的主动性，会产生一种培育主导性情感的感受。

做父母的，通常疼爱体弱多病的那个孩子，因为这个孩子，他们付出了最多的艰辛、痛苦和焦虑。在这里，爱意这种快乐的感受从焦虑不安的感受中获得了力量。

让人感受到朋友之珍贵的，莫过于悼亡之时。在一起时的欢乐都没有如此强大的影响力。

嫉妒是一种痛苦的情感；但是，倘若没有嫉妒的成分，爱情这种愉悦的情感就难以维持其全部力量和激情。别离也是恋人之间抱怨的一大来源，给了他们最强烈的痛苦；但是，对两情相悦最好的东西，莫过于小别。如果说，长期的别离往往是恋情致命的伤害，那只是因为，随着时间的流逝，人们习惯了生活，别离不再引起痛苦。恋爱中的嫉妒和别离，构成了意大利人所说的"甜蜜的痛苦"，他们认为这正是一切快乐的根本特征。

老普林尼有一个很好的观察，证明了这里主张的道理。他说，"一个很值得注意的现象是，著名艺术家最后未完成的作品，总是得到最高的评价，诸如阿里斯泰德的《伊里斯》、尼各马可的《丁达里蒂斯》、提莫马库斯的《美狄亚》、阿佩利斯的《维纳斯》，这些未完成艺术品的价值都被认为高于他们的其他成品。那些残缺的轮廓、尚未完全形成的意念，都被仔细研究。我们对那因死亡而停下来的神奇之手悲伤不已，它在某种意义上也增添了我们的快乐"。

这些例子,以及许多其他可以收集的例子,足以让我们洞察到自然中类似的现象,向我们展示,诗人、演说家和音乐家通过激发悲伤、痛苦、愤怒、同情而带给我们的快乐,可能并不像第一眼看上去那样奇特和费解。想象力、表现力、音乐力和模仿力,所有这些都很自然地令心灵感到愉快;当被表现的对象也具有情感,通过把这种次级活动转化成主导性的活动,快乐在我们身上就会继续增加。这种情感,尽管或许很自然地是一种快乐的情感,但当受到一个真实对象的出现的刺激,它可能是痛苦的。不过,如果由更加优雅的艺术引发,这种情感也会变得很舒坦、柔和、平静,能提供最好的享受。

为了证实这个论断,我们不妨说,如果想象力的活动没有支配感情的活动,就会出现相反的效果;现在,前者从属于后者,转换成为后者,增加了受难者的痛苦和折磨。

一个因失去爱子而痛不欲生的父亲,谁会认为凭三寸不烂之舌,夸大他无可挽回的损失,就是安慰他的便捷手段?你在这里运用的想象力和表现力越多,就越会增加他的绝望和伤害。

韦雷斯的羞愤、迷茫和恐惧，无疑与西塞罗高贵而猛烈的雄辩恰成正比；他的痛苦与不安亦然。前面那些情感过于强烈，快乐无法从雄辩的美感中产生；尽管法则一致，但它们却能以相反的方式引起听众的同情、怜悯和愤怒。

克拉林顿爵士在即将描写到保皇党的灾难时，认为自己的叙述肯定极不合时宜，于是匆忙地一笔带过国王之死，没有交代背景。他认为这一幕太可怕，若要满意地审视，甚至是不带剧烈痛苦和反感地审视，是不可能的。他自己和那个时代的读者一样，都深切关注这些事件，都感受到题材带来的痛苦，这些题材，要是在另一个时代的历史学家和读者看来，会觉得是最可怜、最有趣，因此也是最适合的。

悲剧表现的行为可能过于血腥和残酷。它可能激起恐怖的感觉，难以软化为愉悦；赋予这种性质之描写的最大表现力，只会增加我们的不安。这正是《野心勃勃的继母》中表现的行为，在这部悲剧中，一个德高望重的老人，在愤怒和绝望之际迎头撞向石柱，脑浆迸裂，当场身亡。英国的剧场里充满了这样吓人的场景。

即使是普通的怜悯之情,也需要借助某种适当的情感加以软化,才能让观众真正满足。在独裁的肆虐和邪恶的压迫下,只是哭诉美德受难,会形成令人不快的画面,因此所有戏剧大师都小心翼翼地避免。为了让观众完全满足,要么美德必须成为高贵而英勇的绝望,要么邪恶接受应有的惩罚。

从悲剧的角度来看,大多数画家在所画对象的选择上似乎都很不成功。他们大多以教堂和修道院为背景,主要表现十字架上的耶稣和殉难之类的恐怖题材,在这些题材中,除了折磨、伤害、死刑和受难,没有别的东西出现,没有任何行为或感情。当他们的画笔离开这种可怕的神话时,他们一般求助于奥维德,但奥维德的虚构作品,尽管充满激情、令人欣喜,却极不自然,缺乏可能性,不适合用绘画来表现。

这里强调的转换法则,正如在演说和诗歌的效果中那样,也同样表现在日常生活中。如果把次要的情感提升为主要的情感,它就会吞噬自己先前滋养和增加的那种情感。过分的嫉妒毁灭了爱情;过高的难度让我们冷漠；过度体弱多病的孩子，会让自私冷酷的父母嫌恶。

比起那些忧郁之人用来款待同伴的忧郁、黯淡的灾难故事，还有什么更令人不愉快的吗？在那里，没有任何精神、天才或雄辩为伴，只有引起不安的情感，传递纯粹的不安，没有伴随任何东西，能够将不安软化成快乐或满足。

论品味的标准

　　正如世上流行意见纷纭，品味也多样，这点太过明显，世人也就不能不察。即使知识很有限的人，也能够辨别他那熟人小圈子里品味的差异。在他的小圈子里，人们受的教育相同，也就早早吸收了同样的偏见。那些可以开阔眼界、思考遥远国度和远古时代的人，对于人类在品味上的巨大矛盾和对立，更是会觉得讶异。我们习惯于将与我们的品味和认知差异很大的人称为野蛮人，不过很快同样有污蔑性的绰号就会奉还给我们，最后就连最傲慢自负的人，在看到各方面的人都同样自信时，也会震惊，就会在面对这场情感纷争时有所顾虑，即是否要标榜自我的品味。

品味的差异，即便对于最马虎的观察者，也是显而易见的。细察就会发现，现实中品味的差异比表面看上去的还要大。关于美丑，人之感受往往不同，哪怕使用的是相同的语言。所有语言中都有暗含贬义和褒义的词；使用同一语言的人都必须同意这些语词的用法。大家众口一词赞美优雅、得体、简洁、灵活的写作，谴责古板、矫情、冷淡、浮华的文风。然而，当批评家谈到具体事例时，这种表面的一致就消失了。我们发现，他们使用同样的语词却表达不同的意义。在观念和科学的问题上，情况正好相反。人们的分歧往往更多见于普遍法则而非具体事例，更多见于表象而非实质。只要把术语解释清楚，争论往往到此结束。争论双方惊讶地发现，他们争来争去，在根本点上的判断却是一致的。

那些把道德建立在情感而不是理智之上的人，往往把伦理放在情感的范畴之下考察，认为在一切有关行为举止的问题上，人们彼此之间实际的差异比表面看上去的还要大。这确实是显而易见的，一切国家和时代的作家都一致赞美正义、仁慈、大度、审慎、诚实，谴责与之相反的品质。人们还发现，就连以愉悦人们的想象为主的诗人和作家，从荷马一直到法国作家费讷隆,都在灌输同样的道德信条,褒扬同样的美德,贬斥同样的邪恶。这种巨大的一致性,通常被归因于普遍理性的影响。在所有这些情况下,普遍理性都能维持所有人身上类似的情感,防止抽象科学中经常出现的争论。只要这种一致性是真的,我们或许就可以承认这种解释能够成立。然而,我们也必须承认,道德中这种表面的一致性,部分或许是由于语言的性质。"*美德*"一词在所有语言里都暗含了赞美,正如"*邪恶*"一词都暗含了谴责。一个人要是把公认具有褒义的词语赋予贬义,或把暗含贬义的词语赋予褒义,必然公然犯了大忌。荷马笔下具有普遍意义的箴言,无论出现在哪里,都无人争议。但是很显然,当他刻画具体的行为举止,比如表现阿喀琉斯的英勇或尤利西斯的审慎时,他会在前者的英勇中加入凶狠的成分,在后者的审慎中加入狡诈的成分。费讷隆是不会这样做的。在荷马笔下,圣人尤利西斯似乎喜欢说谎骗人,并且往往是在毫无必要甚至毫无好处的情况下使用这种伎俩。但是在费讷隆笔下,尤利西斯那个更为谨慎的儿子,宁愿赴汤蹈火,也不愿偏离真理和诚实的正道。

《古兰经》的崇拜者和信徒都坚持认为，人类行为放肆而荒唐，卓越的道德典范只是其中的点缀。不过仍须承认，诸如英语中人们惯用的平等、正义、节制、温柔、仁慈等语词，类似的阿拉伯语词也必然具有褒义。除了这些具有褒贬意义的语词之外，要是提及阿拉伯人，带上任何贬低的绰号，那不应该是道德的无知，而是语言的无知。但是，似乎不存在统一的正义法则。一种行为受到谴责还是赞美，要看它对某一套道德准则的真正信徒是有利还是有害。

宣布真正具有普遍意义的道德戒条，其实价值甚微。推荐种种美德的人，所做的只不过是在玩弄文字游戏。发明"仁慈"一词，并将之作为褒义使用的人，比起在自己的著作中塞进"要仁慈"这类戒条的所谓立法者或先知，教诲更清晰，也更有效。在所有的表达中，最不容易受扭曲和误解的，正是那些连同其意义都包含着一定程度褒贬意义的语词。

因此，我们自然要寻找一种品味的标准，一种用来或许能够协调不同情感之人的规则，至少它能提供一种判断，赞美一类情感，谴责另一类情感。

然而有一种哲学却断了我们成功的全部希望，

认为不可能找到任何品味的标准。据说，判断与情感完全是两回事。一切情感都是正确的，因为情感无求于外，只要一个人意识到它，它就是真实的。但是，对理解的判断，并非都是正确的，因为它们必须参照外物，也就是事实，所以它们并非总是符合这个标准。对于同一个对象，不同的人可能有不同的看法，但有一种，也只有一种看法才是正确的，唯一的难题是把它指认出来。相反，同一个对象激起的不同情感，都可以是正确的，因为没有一种情感能完全代表对象的本质。它只不过表示对象与人心官能之间的呼应关系。如果这种关系不存在，也就不可能有这种情感。美不是事物本身的性质，它只存在于沉思者的心灵之中；每个人的心灵感受到的美是不同的。同一个对象，一个人可能感受到的是丑，而另一个人感受到的却是美。不同的人都应该默认自己的感受，不必假装附会他人。要寻找真正的美或真正的丑是徒劳的，就像妄图找到真正的甜或真正的苦。由于感官气质不同，同一个对象可以又甜又苦。这恰如其分地说明了品味之争徒劳无益。把这个道理从感官的品味延伸到心灵的品味，非常自然，也十分必要。如此说来，我们发现，尽管常识往往与哲学，尤其是怀疑论哲学相抵触，但至少在这一方面，结论是一致的。

尽管上述观点已经众所周知，似乎已经得到常识的加持，但确实还有另一种常识，持相反的看法，至少是对上述观点的修正和限制。无论谁来比较奥格尔比和弥尔顿或班扬和艾迪生，要是说他们的天才和优雅不相上下，一定会被认为是信口开河，正如把土堆说成高山，把池塘说成大海。虽然可能找到几个人偏爱奥格尔比和班扬，但没有人会重视这样的品味。我们可以毫无顾忌地说，这些所谓评论家的感受是荒唐可笑的。如此看来，我们会完全抛开品味无差别可言的法则。当然，有时候如果比较的对象看起来大致平等，我们还是会承认这个法则。要是比较的对象很不般配，却拿到一起来对比，那么运用这个法则就显得太随便、太矛盾，甚至明显太荒诞了。

显然，创作的规则无一是靠先天的推理来确定的，也不能视为理解之后的抽象结论。这种理解是通过比较那些永恒观念的性质和关系得出的。创作规则的根基与一切实用科学一样，都是经验；它们也不过是综合概括，涉及普遍见于一切国家和时代的让人产生快感的东西。诗歌和演说中的美,许多都是靠谎言、虚构、夸张、比喻,靠滥用和颠覆词义来实现的。要想制止想象力的爆发,让一切表达都合乎几何般的真实和精确,这与批评的规律背道而驰。因为这样的创作,从普遍的经验来看,只能是最枯燥乏味、最令人讨厌的。但是,尽管诗歌永远不会服从严格的真实,它还是必然会受到艺术规律的约束。这些艺术规律是作家凭借天才或观察发现的。如果粗心马虎或不守规则的作家也能给我们快感,那也不是因为他们僭越了规律或秩序,而是因为尽管有所僭越,他们的作品中还是有别的美,配得上公正的赞美。这些美有力量盖过指责,使我们的心灵得到的满足,超过了作品的缺点所引起的反感。阿里奥斯托是给人快感的作家,但不是靠他骇人到难以置信的虚构,不是靠他把严肃风格和喜剧风格的奇怪混搭,不是靠他缺乏连贯的故事,不是靠他不停地打断的叙事。他的魅力在于表达的清晰有力,构思的灵活多变,情感的自然刻画,特别是欢快爱欲之类的情感。因此,无论他的缺点可能如何削弱我们的满足,也依然不能完全摧毁我们的满足。即使我们的快感真的源自他诗中那些我们称之为缺陷的部分,这也不是否定一般意义上的批评法则。这只不过是否定了一些特定的批评法则,按照这些特殊的批评法则,阿里奥斯托的那些手法,应算作缺点,应受到普遍的指责。如果我们发现那些手法能给我们快感,它们就不能算作缺点,那就让它们产生的快感一直那么出乎意料、难以解释吧。

尽管一切艺术的普遍规律都只是建立于经验,建立于对人性的共同情感的观察,我们却不应认为,人的情感在一切情况下都符合这些规律。心灵中那些更加美好的情感,本质上都很柔嫩和精致,要求许多有利条件的共振,使它们按照普遍的既定规则,熟练而精确地配合。对于那样小小的弹簧,哪怕一点点外在的干扰,或者一点点内部的紊乱,都会打搅它们的活动,破坏机器的运行。我们若想体验一下这种本质,试试美丑的力量,就必须仔细选择合适的时间和地点,把这种愿望放到一种合适的环境和性情中。心要定,思无邪,专注于对象,假如缺少其中一个条件,我们的实验就会出错,就不能判断广泛而普遍的美。至少,自然在形式和感受之间建立的那种关系,会变得更加模糊,会要求更大的精确性才能追寻和辨认。我们能够确定它的影响,与其说是依据各种特殊的美的作用，不如说是依据人们对一些作品的永恒景仰，这些作品超越了变化无常的潮流和时尚，超越了无知和敌意引起的一切错误，延续至今。

同一个荷马，两千年前在雅典和罗马给人带来快乐，今天在巴黎和伦敦还为人崇拜。气候、政治、宗教和语言的变化，都不能磨灭他的光辉。权力或偏见，可能会让一个蹩脚的诗人或演说家风靡一时，但他的名声绝不会长久，也不会得到普遍承认。当后世或外国人来考察他的作品时，他的魅力就会消散，缺点就会露出本色。相反，一个真正的天才，他的作品存在越久，流传越广，得到的赞美就越真诚。小圈子里有太多的羡慕和嫉妒，甚至熟人也可能会因他的成就而减少给他的掌声。但是，只要消除了这些障碍，那些天然适合激发起快乐情感的美就会立刻展示出力量。只要世界永存，它们就依然能够左右人心。

尽管品味千变万化，反复无常，看起来还是有一些关于褒贬的一般法则，一个细心的人可能在心灵的活动中捕捉到这些法则的影响。在我们内部组织的原初结构中，一些特殊形式或性质是专为快乐而设计的，另一些专为悲伤而设计，如果在任何特定的情况下它们失去效用，那是来自感官的明显缺陷或不健全。一个发烧的病人不会坚持说，他还能辨别五味；一个黄疸患者也不会坚持说，他还能正常辨别颜色。任何东西都有健全的状态和不健全的状态。一般认为，只有健全的状态才能为我们提供一种真正的品味与感受的标准。如果我们大家的感官都健全，感受完全或大体相同，我们或许由此就可以获得至美的观念。同样，一个健康的人会把白天看到的事物颜色认作真正的色彩，哪怕人们承认，这种色彩也只不过是感官的幻觉。

关于褒贬的一般法则，其影响依赖于我们对美丑的感受。由于我们的内部官能有许多不足，也经常出现毛病，它们妨碍或减弱了这些法则的影响。虽然按照心灵的结构，某些事物对象是自然设计出来产生快感的，但是不能就此期望每一个人都有同样的快感。只要出现偶然的事件或情况，就会给事物对象投射一道虚假的光，或者就会阻挡那一道真正的光，不能把真正的感受和感知传递给想象。

许多人缺乏对于美的真正感受，一个明显的原因是缺乏精致的想象力。要传递对于美好情感的感受，精致的想象力是必不可少的。大家都自以为有想象力，都在谈论想象力，要把各种各样的品味或感受都用想象力来衡量。但是，在本文中，因为我们的意图是在理解力之光中加入对情感的感受，所以应该有必要对"精致"下一个比过去更准确的定义。在此，我们无须援引高深的哲学，只需参考《堂吉诃德》中的一个著名故事。

桑丘对那位大鼻子的侍从说，我自称精于品酒，不是瞎吹，这是我家的祖传本事。有一次，我的两个家人被叫去品鉴一大桶据说上等的陈年老窖。一个仔细品了一阵后说酒倒是好，只可惜闻到有一点皮味。另一个也仔细地品了一阵后说酒倒是好，只可惜有一点铁腥味。你想不到他们两人为此受到了多少嘲笑。但是谁笑到了最后呢？等到大桶里的酒都倒干了，果然在桶底找到了一把拴着皮带子的旧钥匙。

精神的感受和身体的感受非常相似，所以我们很容易想起这个故事。虽然可以肯定，不像甜苦，美丑不是事物对象的品质，而是完全属于内外感官的感受，但是我们必须承认，事物对象本身有某些品质，自然适于产生那些特殊的感受。现在，因为这些品质可能被发现是有限的,或者可能相互混杂或混合,所以,往往出现这样的情况,人们认为,我们的品味不受这些有限的品质影响,或者在它们的混合物中难以辨别特定的成分。如果我们的感官很敏锐,能够完全捕捉到它们,同时又很精确,足以辨别这种混合物里各种成分的味道,那么,我们称之为精致的品味,无论使用的是其字面意义还是比喻意义。因此,在这里,美的普遍规律就是有用的,它是从我们树立的典范里归纳出来的,从对于单独出现的、让我们感受到强烈的快乐或悲伤的事物的观察中提取出来的。如果同样的品质出现在一个不断变化的混合物中,占比较小,对一个人的感官没有明显的快乐或悲伤的影响,我们就说这个人不具备这种精致的品味。要得出创作的普遍规律或公认模式,就像找到那把拴着皮带子的旧钥匙一样;它证明了桑丘家人的判断是对的,证明了那些嘲笑者是错的。如果没有把大桶里的酒倒光,桑丘家人的品味仍是精致的,而嘲笑者的品味也依旧是迟钝的,但是要想证明前者比后者高明,要让旁观者信服,那就困难得多。同样,尽管作品的美没有模式可言,没有归纳成一般的法则,没有公认的典范,但品味的高雅或低下还是在起作用，有的人的判断就是比别人好。不过，在这种情况下，要让一个拙劣的批评者哑口无言，就不那么容易，因为他总是坚持自己特别的感受，拒绝听从他人的意见。但是，只要我们向他指出一条公认的艺术法则，只要我们用例子——他承认，以他自己特定的品味而言，这些例子可能符合这条法则——加以说明，只要我们证明这条法则可以用于当前的例子，而他现在还没有觉察或感受到这条法则的影响，那么，总的说来，他就必须做出结论，承认自己有误，承认自己缺少这种必要的精致品味，没有感受到作品或文章中的美丑。

如果一种感觉或官能，能够精确感知到最微小的感知对象，不让任何东西逃脱它的注意与观察，我们就会承认它是健全的。眼睛能看见的东西越小，视觉的官能就越好，它的组织结构就越精巧。要考察味觉好不好，不能用浓味，而要用各种细味的混合，看看能否分辨出每一种味道，即使每种味道微乎其微，并且与别的味道掺和在一起。同样，敏锐地辨别美丑，就是我们精神品味健全的标志。一个人要是怀疑，自己是否不知不觉地错过了所读文章的美丑，这时，他是绝不会对自己满意的。在这个事情上，我们发现，一个人官能的健全和感受的健全是统一的。一个味觉很精致的人，在许多场合中，可能给他本人和朋友造成很大的不便。但是，智慧和美感方面的精致品味，必定总是令人向往的品质，因为它是人性易于感受的一切最美好、最纯真之快乐的源泉。在这点上，所有人的感受是一致的。无论在哪里，只要你能判定出一种精致的品味，就一定能受到称赞；而判定它的最好途径，就是求助于各个国家和时代的共同意见和经验所建构起来的典范和法则。

　　在品味的精致上，人与人之间自然具有很大的差别，倘若想增进和改善这种能力，最好的办法莫过于练习一种特定的艺术，经常观察和沉思一种具体的美。任何事物对象在刚刚出现在眼前或想象中时，我们对它们的感受总是模糊混乱的，这时我们的心灵在很大程度上还无法判断它们的优点和缺点。品味还不能感知表现中的精彩之处，更不必说辨别每个精彩之处的特性，判定其质量和程度。如果我们的品味能对事物的整体做出判断，说它是美或是丑，那当然求之不得。即使这样的判断，一个没有练习经验的人，在说出时往往也会十分犹豫或有很大保留。假如他有了练习的经验，他的感受就更加精确和美好，不仅能感知各个部分的美丑，还能辨别各种美丑的类型，给予相应的褒贬。在观察事物的全部过程中，他有一种清晰明白的感受，他能清楚辨析各个部分自然适于引起之快感和不快的程度和类型。先前仿佛蒙在事物上的一层雾消散了，官能在运用的过程中得到更大的完善，关于事物的美丑，就能做出判断，而无犯错的危险。总之，在完成作品的过程中，练习所带来的技巧和灵活，在判断作品的过程中，也可以通过同样的练习方式来获得。

练习对于审美如此有好处，在评论任何重要作品之前，我们必须对它一读再读，从各种角度审慎而专心地衡量。因为在开始阅读作品时，思想还有些慌乱，干扰了对美的真正感受。各部分的关系还没有看透，风格的真正特点也没有厘清。有些优点和缺点看起来如一团乱麻，模糊地呈现在我们的想象力之中。更不用说，还有一种肤浅华丽的美，表面看上去令人喜欢，一旦发现它与理性或激情的正当表现格格不入，马上就会索然无味，然后就会遭到鄙弃，至少价值大打折扣。

在练习思考美的层次时，如果不经常要求在各种类型和程度的精彩之间形成对比，估量它们相互的比例，就不可能继续。一个人不曾有机会比较各种不同的美，实际上就完全没有资格对面前的对象发表意见。只有借助比较，我们才能得出有关褒贬的定语，学会如何做到恰如其分。最粗劣的涂抹也有一些出彩的笔触和精确的模仿，可以说得上是美，会让一个没有教养的人或野人顶礼膜拜。哪怕最庸俗的民谣，也并非完全缺乏和谐或自然。只有熟悉更高级之美的人，才能指出它们的韵律刺耳，叙事无味。十分低劣的美，对于一个通晓最高级形式之美的人来说，只能给他带来痛苦，为此他才称之为丑。我们总是很自然地认为，我们熟悉的最完整之物达到了完美的境界，有理由得到最高的赞许。只有经常对不同时代和国度里都受人赞美的作品进行观察、研究和衡量，才能正确评价展示在面前的作品的优点，在天才的创作行列中赋予它一个恰当的位置。

但是，一个评论家要想更加完美地完成这个任务，还必须让心灵摆脱一切偏见，除了提交给他审视的对象，不考虑任何别的东西。我们或许可以说，一切艺术作品若要对心灵产生它应有的影响，都必须从某种角度加以审视，如果一个人的处境，无论是实际的还是想象的处境，不能与艺术作品所要求的相适应，他就不能充分领略。一个演说家面对一群特殊的听众，必须考虑到他们特有的才能、兴趣、意见、情感和偏见，否则，想要左右他们的决定，点燃他们的激情，就只能是空想。如果这些听众甚至对他抱有某些成见，不论这些成见多么不合理，他也绝不可掉以轻心。在进入正题之前，他必须努力打消他们的成见，博得他们的好感。不同时代和国家的读者在读到这篇演说时，必须注意到演讲的情景，设身处地地做一个听众，才能对这篇演说做出正确的判断。同样，如果一部作品是为公众而写，无论我与作者是友还是敌，我必须抛开这种顾虑，把自己当成普通读者，如果可能的话，忘掉自己的个体身份和特定处境。一个受偏见影响的人，不会遵照这个条件，而是死守他生来的立场，不肯把自己置于作品所要求的视角。如果这部作品是为另一个时代或国家的读者而写，他也不考虑那些读者的特殊见解与偏见，一心想的只是自己时代和国家的风土人情，然后便鲁莽地加以指责；而他指责的东西，在作品的特定读者眼里，正是看起来值得赞美的地方。如果这部作品是为公众而写，他也不能开阔自己的心胸，抛开他身为友人或敌人、对手或评论者的利益，那么他的感受就会扭曲，同样的美丑对他也没有同样的影响，似乎他给自己的想象力强加了一些暴力，暂时忘记了自己。显然，只要他的品味偏离了真正的标准，结果就会失去所有的信誉和威信。

众所周知，在交由理解力来决定的一切问题上，偏见会毁灭健全的判断力，扭曲智力的活动。同样，偏见也会毁灭美好的品味，败坏我们对美的感受。在这两种情况下，要抑制偏见的影响，都需要靠理智。就此而言，正如在其他方面，理性，即便不是品味的核心成分，至少对于品味的活动是必不可少的。在一切更加高级的天才作品里，各个部分总是相互联系和配合的。一个人的思想要是不够开阔，不能理解所有部分，对它们进行相互比较，就不能感受作品的美丑，看不出整体的连贯和统一。每个艺术作品都有自身打算达到的目标或目的；是否让人觉得完美，就要看是否达到了目标或目的。演说是为了说服，历史是给人教导，诗歌是用激情和想象来给人快感。我们阅读作品时，必须时刻牢记这些目的。我们必须能够判断，使用的手段在多大程度上适于各自的目的。此外，各种类型的作品，即便是最有诗意的作品，也不过是一连串的命题和推论。当然，事实上并不总是最公正、最严格的，但总还是貌似有理的，无论它怎样裹上了想象的色彩。悲剧和史诗中引入的人物，必须表现得有思考、推理、决断和行动，符合他们的性格和处境。没有判断力、品味和创造力，一个人是绝不会有望成功完成如此复杂的任务的。不用说，那种有助于提高理性的同样卓越的才能，那种同样清晰的概念，那种同样精确的区分，那种同样的理解活力，都对真正的品味的活动至关重要，都是它可靠的伙伴。一个有理性的人，对艺术有了经验，却不能判断艺术的美，这样的事情是罕见的，甚至根本不可能发生。同样，一个没有健全理解力的人，却有很好的品味，也是很罕见的，甚至根本不可能发生。

因此，尽管品味的法则具有普遍性，它在所有人心中即使不完全相同，也近乎一致，但很少有人有资格评判艺术作品，把自己的感受当成美的标准。

我们的内在感官很少如此健全，容许普遍的法则充分发挥作用，产生与这些法则相应的感受。这些内在感官要么因为有缺陷而失灵，要么由于紊乱而失效，因此，它们激起的情感可以说是错误的。如果评论家缺乏精致的品味，他的判断就无出色之处，只能感受到对象粗浅明显的品质，而对于更精细的笔触视而不见。如果他缺乏练习的帮助，他的判断难免会带着混乱和踌躇。如果不运用比较，最轻薄的美也会被他当作赞许的对象，而这样的美，还不如名之为丑。如果他受偏见的影响，他所有的自然情感就都走样了。如果他缺乏理智，他就没有资格看出设计和推理的美，而这些正是最高级、最出色的美。一般人都不免有上述缺陷之一，因此，对于高雅艺术的真正判断，即使在最文明的时代，也被认为是珍稀的品质。一个批评家只有具备强大的感官、精致的情感，不断练习提高，借助比较加以完善，摆脱一切偏见，才有权利声称具有这种珍稀的品质；那样的批评家——无论他们在哪里可以找到——形成的共同判断，就是品味和美的真正标准。

可是，那样的批评家去哪里找呢？靠什么标志识别他们呢？怎样把他们同冒牌货区别开来呢？这些问题很尴尬，好像又把我们抛回本文一直努力摆脱的不确定性中。

倘若我们正确地考虑这件事，这些就是事实的问题，而非情感的问题。一个人是否有理智和精致的想象力，能否不带偏见，这往往是可以争论的，容易引起热烈的讨论和研究；但是，那样的品质是很有价值的、值得重视的，则是所有人都同意的。如果出现怀疑，人们所能做的，与对待其他诉诸理解力的争论并没有两样。他们必须拿出创造力向他们暗示的最好论证。他们必须承认，某个地方存在一个真正决定性的标准，即真正的存在和事实。在诉诸这个标准时，他们必须包容不同的看法。如果我们已经证明，所有人的品味不在相同的水准，总有人——无论多么难以确定——被普遍的情感公认为比其他人优秀，那么，这对于我们的目的而言就足够了。

但是，实际上，找到品味，尤其是特定品味的标准，难度也不像上面说的那么大。虽然理论上我们或许公开承认科学有标准，否认情感有标准，但在实践中我们发现，要找到科学的标准比找到情感的标准还难。抽象哲学的理论，深奥神学的体系，在一个时代里可以盛行一时,在下一个时代就被完全打破。它们的谬误被揭露,另一些理论和体系取而代之,这些新的理论和体系又让位给后来者。在我们的经验里,最容易受机遇和时尚的变革影响的东西,莫过于所谓的科学定论。演说和诗歌的美则与此不同。对于激情和自然的恰当表现,必然很快就能得到公众的赞赏,并将永远保持。亚里士多德、柏拉图、伊壁鸠鲁和笛卡尔,或许可以彼此取代,但泰伦斯和维吉尔则对一切人的心灵保持着普遍的无可争辩的统治。尽管西塞罗的抽象哲学已经失去了价值,可是他那雄辩有力的演说仍然是我们赞美的对象。

尽管有精致品味的人很少,但一个人要是理解力健全、才能出众,就很容易在人群里被辨认出来。他们获得的优势,使他们对天才作品的生动赞美能够广泛传播,使之在公众心目中占据主导。许多人单凭自己的感受,对于美只能有一种淡淡的含糊感受,如果经人指点,他们也能品味美好的笔触。每一次崇拜真正的诗人或演说家的皈依,都是新的皈依的原因。虽然偏见可能流行一时,但它们绝不会联合起来颂扬真正的天才的对手,而是最终屈服于自然与正当的感情的力量。因此，尽管一个文明的国家在选择推崇的哲人方面容易犯错，但在喜欢某个史诗或悲剧作家方面绝不会错得太久。

尽管我们全力给品味定一个标准，调和人们不同的理解，但还是有两种变量。它们虽然确实不足以混淆美与丑的界限，却经常会给我们的褒贬制造程度的差异。一个变量是不同的人有不同的性情，另一个变量是不同的时代和国家有不同的风俗和观念。品味的一般法则在人性中都是一致的。如果人们判断不一，一般说来总会发现能力上的缺陷或反常，或者出于偏见，或者出于经验的欠缺，或者是缺乏精致的品味。赞美一种品味，谴责另一种品味，都有正当的理由。但是，如果两个人的内在结构和外部环境千差万别，以至于双方都无可指责，没有余地分出高下，那么在这种情况下，判断力方面一定程度的差异就是不可避免的，我们只能徒劳地寻找一个标准，用来调和对立的情感。

一个感情热烈的年轻男子，总是更容易被性感娇柔的女子打动；年长的男人更喜欢智慧的哲学沉思，用以指导人生和调节欲望。二十岁时，最喜欢的作者可能是奥维德，到了四十岁，也许就是贺拉斯，五十岁时则可能是塔西佗。在这样的情况下，我们若想勉强分享别人的情感，或是消除我们的自然倾向，那都会是徒劳的。我们选择喜欢的作家，就像选择朋友一样，是由于气质性格相合。快乐或激情，情感或反思，不管何者在我们的性情里占主要地位，都会引起我们对与我们相似的作家产生一种特殊的共鸣。

一个人喜欢崇高，另一个人喜欢温柔，第三个人喜欢玩笑。对缺点更加敏感的人，会勤于纠正缺点；对优点更加敏感的人，则可能为了欣喜或哀怨的一笔而原谅二十处荒唐和缺点。某人的耳朵完全喜爱洗练和刚健，另一个人的耳朵却喜欢繁复和富丽。有人喜欢简洁，有人喜欢雕饰。喜剧、悲剧、讽刺文、颂赋，各有拥趸，各自偏爱某一类，而讨厌其他类。显然，一个评论家要是只赞扬一类体裁或一种风格，这明显是错误的。但是，要是不对符合我们特定性情的体裁或风格有一种偏好，也几乎是不可能的。这样的偏好是无害的、不可避免的，说它们孰对孰错是没有意义的，因为没有能用来评判它们的标准。

同理，在阅读的时候，我们更喜欢那些能在我们自己时代和国家找到对应的风景和人物，而对于代表了不同风俗的风景和人物，则不那么喜欢。我们要想适应古代淳朴的生活方式，看见公主去泉边打水，国王和英雄自己准备食物，也要费一些力气。一般说来，我们可以承认，对这些生活方式的描述并不是作者的过错，也不是作品的缺陷，但是我们对它们不会有深切的感受。因此，要想把喜剧从一个时代或国家移植到另一个时代或国家，就不太容易。法国人或英国人不欣赏泰伦斯的《安德里亚》或马基维尔的《克丽狄亚》，因为这两部喜剧里，女主角从来不对观众露面，总是躲在幕后。但这种处理手法，对于古希腊人和现代意大利人的内敛性格是适合的。一个有学问、爱思考的人可以包容这类特殊的风土人情，但一个普通观众不可能抛开他们通常的观念和情感，欣赏与他们毫无相似之处的风景和人物。

在此，我有一个看法，或许会对我们审视那场有名的古今学术之争有些帮助。在那场争论里，我们经常看到，一方以古代的生活方式为据，要求谅解古人看似荒谬之处；而另一方则拒不接受这种谅解，至多只认可对作者的辩护，而不能原谅作品。

依我之见，在这个问题上，争论双方根本没有划清正当的界限。如果作品表现了纯真而独特的习俗，像我们上面提到过的例子，当然应当得到承认；一个人要是为之感到震惊，显然只能证明，他缺乏真正精致而高雅的品味。假如人们根本不考虑习俗的不断变革，只接受符合当下风尚的东西，那么诗人"比黄铜还长久的纪念碑"就一定会像普通的砖瓦土块一样坍塌于地。难道因为我们的先辈穿着带绉领的衣服和用鲸骨绷起的大裙子，我们就必须把关于他们的描写都扔到一边？但是，如果道德与端庄的观念与时俱变，如果描写了邪恶的行为而不给予正当的评价，这就应视为对诗作的损害，一种真正的丑恶行径。我不能够，也不应该同意这样的感受。虽然考虑到时代的习俗，我可以原谅诗人，但无论如何绝不会欣赏这样的作品。一些古代诗人，甚至有时包括荷马和那几个希腊悲剧家，他们描绘的人物，明显不够仁慈、不够端庄，大大降低了他们高贵作品的价值，给了现代作家在这一点上超越他们的机会。对于如此粗野的英雄的命运和情感，我们不会感兴趣。我们不喜欢看到，善恶的界限被搞得如此混乱。尽管考虑到作者的偏见，我们可以对作者给予宽容，但无论如何都不会服从于他的情感，或同情那些我们显然发现应受谴责的人物。

道德法则的情况与哲学观念不同。哲学观念总是不断流动和变革。儿子拥抱的体系不同于父亲，甚至很难找到一个人自诩在这方面非常连贯一致。但在任何时代和国家的高雅作品里，无论发现有什么哲学观念的错误，都无损其价值。只要我们调整一下思想和想象，进入曾经流行的哲学观念，就能欣赏受其影响而产生的情感和结论。但是，要我们改变对习俗的判断，激发新的褒贬爱恨的情感——这些情感不同于我们心灵因漫长的习俗而早已习惯的那些情感——就要付出很大的努力。如果一个人确信自己用以判断的道德法则是正确的，他就会非常珍惜，不会片刻背离内心的情感，屈从于任何作家。

在各种哲思的错误里，天才作品中有关宗教方面的错误是最可原谅的。用神学理论的粗浅或高明，来判断一个民族或个人的教养或智慧，也是不允许的。在日常发生的事件中，人们都受理智指引。但在宗教事务中，人们却不听从同样的理智，因为宗教事务往往被认为完全超越于人之理智洞察。因此，一个评论家如果想对古代诗歌形成正确的看法，就必须忽略异教神学体系的种种荒谬。轮到后代评判我们时，他们也必将持同样的宽容态度。无论诗作中秉持什么宗教法则，都不能将其当作缺点归咎于诗人，只要仅仅是法则，没有完全迷倒他的心灵，他也就不至于陷入顽固或迷信的地步。否则，那些宗教法则就会搅乱道德的情感，改变善恶的本来界限。按照上述所言，它们就是永远的污点，即使用时代的偏见和谬论为由，也不足以为之申辩。

罗马天主教的一个核心，就是要煽起对其他宗教信仰的强烈仇恨，把一切异教徒、穆斯林和旁门左道都说成是上帝愤怒和报复的对象。这样的情感，尽管确实应该受到谴责，但狂热的天主教徒却视之为美德，在他们的悲剧和史诗里将其描写为一种神圣的英雄主义。这种固执损害了两部优秀的法国悲剧《波利耶克特》和《阿塔利亚》，这两部悲剧用能够想象出来的一切气势，全力渲染了对特定宗教崇拜形式的狂热激情，把这种狂热激情塑造成主人公的主要品质。当崇高的乔德发现约莎贝在与来自巴尔的牧师马桑说话时，他愤怒地问道："这是怎么回事？大卫的女儿竟然同这个叛徒说话！难道你不怕大地开裂,喷出烈火将你们吞没?难道你不怕神圣的墙垣倒下来压死你们?他想干什么?为什么这个上帝的敌人要到这里,用他恐怖的身影毒化我们呼吸的空气?"这一连串愤怒的质问在巴黎的剧院里赢得了热烈喝彩。但是在伦敦,观众热烈喝彩的应该是这样的场面,比如阿喀琉斯怒骂阿伽门农的面目像一条凶狗,却胆小如鹿,天神朱庇特恐吓天后朱诺,要是再不闭嘴就痛揍她一顿。

在任何高雅作品里,宗教法则一旦上升为迷信,强势侵入了无论与宗教有关还是无关的情感,它们也就成了污点。诗人不能辩解说,由于国家的习俗,他的生活处处为宗教仪式和惯例所累,无一能够摆脱宗教的羁绊。彼特拉克把他的情人罗拉比作耶稣,这固然永远可笑,同样,当薄伽丘这位让人开心的浪荡子一本正经地感谢全能的上帝和贵妇们帮助他御敌之时,何尝不是同样的荒唐。

➻ 论精致的品味与精致的情感

有些人受制于一种**精致的情感**。这种精致的情感使他们对生活中的一切偶然事件都极为敏感,遇到幸运和乐事就欣喜万分,遭逢不幸和逆境就痛不欲生。给一些恩惠和善意,就能轻易得到他们的友谊,但一丁点伤害,也能让他们反目成仇。他们得到尊重或夸奖就得意忘形,受到蔑视或鄙夷就耿耿于怀。毫无疑问,这种性格的人比起生性更为冷静的人有更多热烈的欢乐,也有更多锥心的痛苦。但我相信,全盘考虑一切之后,如果一个人能完全主宰自己的性情,他会甘心选择后一种性格。好运或厄运,很少能由我们支配。生性敏感的人遭逢任何不幸,痛苦或怨恨就会完全占据他的心,使他失去对寻常生活事件的乐趣,而正是享受寻常生活事件的乐趣,构成了我们大部分的幸福。大喜比大悲出现的频率低得多,因此,一个生性敏感的人接受前者的考验次数也必然远不如后者。更不用说,情感如此热烈,更容易兴之所至,便忘了谨言慎行,在操行方面犯下往往无可挽回的错误。

有些人身上可以看到一种**精致的品味**。精致的品味与精致的情感非常相似,只不过后者是针对顺境和逆境、恩惠和伤害而言,前者是针对各种类型的美丑而言。如果你给具有精致品味这种天赋的人看一首诗或一幅画,细腻的感情就会让他对每一部分感慨万千。他从高超的笔触中领略到高雅的享受和满足,也对粗疏或荒谬之处表示厌恶和不安。高雅睿智的言谈对他是莫大的享受;粗鲁无礼的言谈让他觉得像是严重的惩罚。总之,精致的品味和精致的情感有着同样的效果。精致的品味扩大了我们欢乐和痛苦的空间,令我们感受到他人无法感受的悲喜。

然而,我认为,而且相信大家也都会同意我的观点,尽管两者有此相似,但精致的品味是值得追求和培养的，而精致的情感却是可叹的，只要可能就应当及时纠正。生活中的祸福，我们很少做得了主；但我们几乎都能决定应该阅读什么书籍，参加什么娱乐，结交什么朋友。哲人都试图让幸福完全与外物无涉。这种理想的境界是不可能达到的；但每一个明智的人都会努力把幸福放在主要取决于他自己的外物上，而要达到这种境界，最好的办法莫过于培养精致的品味。一个感情细腻的人，更乐于情趣的陶冶而非欲望的满足，他从一首诗或一篇论说中获得的乐趣，大于昂贵的奢侈品能带给他的乐趣。

这两种类型的精致，无论最初可能有什么联系，我还是认为，精致的情感需要纠正，而最好的纠正办法莫过于培育精致的品味，使我们能够判断人物的性格、天才的作品和高贵的艺术。对于那些打动感官的明显之美，大家多少都能欣赏，这完全取决于一个人性情的感受。但对于科学和人文艺术，精致的品味在一定程度上是与强大的感觉相一致的，或者至少非常依赖强大的感觉，以至于密不可分。正确判断一部天才的作品，需要考虑许多的见解，比较多的情景，以及许多关于人性的知识。一个人不具备健全的判断力，就绝对不能在这类活动中做一个勉强合格的评论家。这是要培育文艺兴趣的新理由。通过培育文艺兴趣，可以加强我们的判断力。我们将形成更正确的生活观念。许多令他人悲喜的事情，如果在我们看来微不足道，不值得注意，那么，我们就会逐渐纠正那种如此狭隘的、精致的情感和感受。

但是，如果说培育对高雅艺术的精致品味灭绝了精致情感，令我们对他人如此热烈追求的东西十分冷漠，这种说法也许太过分。但我进一步反思后发现，实际上精致的品味令我们更容易感受温柔怡人的情感；同时，也让心灵摆脱了粗鄙狂暴的情感。正如奥维德说：

> 忠实地研究文艺，
>
> 会让人变得仁善，而非残酷。

对此，我认为也许可以给出两个很自然的理由。第一，对于性情有益的东西，莫过于研究诗歌、演说、音乐或绘画中的美。美丽的文艺作品给了研究者优雅的感情，这是他人体会不到的。它们激发出的是温柔的感情。它们把心灵从繁忙的事务和利益的追求中吸引过来，使之珍惜反思，安于宁静，产生甜蜜的忧伤。在心灵的所有性情中，这种甜蜜的忧伤最适合爱与友谊。

　　第二，精致的品味对于爱和友谊是有益的，因为它让我们审慎选择少量知己，使我们对与大多数人的交往和谈话不感兴趣。你会发现，世俗中人，无论在哪方面可能有多么强大的感觉，都很少有人精于鉴定人品，注意那些让一个人比另一个人更受欢迎的难以察觉的差异和格调。一个人只要意识正常，就能得到别人的喜爱。他们会坦率地对他谈起他们的快乐和事务，正如他们会坦率地对另一个人谈起。他们发现许多人都适合填补他的位置，没有他，他们也不会觉得有缺失或不足。我们可以引用一个法国著名作家的比喻，他说，判断力或许就像钟表，最普通的钟表都能告诉我们钟点，只有最精密的钟表才能精确到分秒，分辨出最为细微的时间差异。一个熟悉书本和人类知识的人，只有与精心选择的知己在一起时才会感到快乐。他清醒地意识到，其他人理解不了他的兴趣所在。他的友情局限于一个小圈子，难怪相比于与更普通、没有突出优点之人交往，他只喜欢带着知己前行。他和几个同伴的欢乐嬉戏，会结下牢固的情谊；年轻时的热烈欲望也就变成了优雅的感情。

享乐主义者

对自负的人类来说,这简直是一大侮辱,他以最高的技艺和最大的努力创造出来的东西,无论是美还是价值,都无法与自然最卑微的造物相提并论。人的技艺就好比给大师打下手的匠人,雇用来给自然这位大师之手的杰作装饰几笔。有些装饰可能是他画的,但他没有资格去碰主角。技艺可能做出一套衣服,但人必须由自然来创造。

甚至在那些通常名为艺术的作品中,我们发现,人们认为的最高贵的艺术,是因为它们的美主要来自自然之力,幸运地受到自然的影响。诗作中任何值得崇拜的东西,我们都会归于诗人天生的激情。自然并不平均分配她的礼物,只要想让一个人失败，哪怕再伟大的音乐天才，自然要他抛下手中的里拉琴，他就别指望单凭音乐的规则接近神圣的和谐。那种和谐必须且只能来自天生的灵感。如果需要人之技艺来装饰和升华的素材，缺少了想象的幸福之流，那样创作出来的诗歌或音乐，品质会是多么低劣！

在所有这些徒劳的艺术追求中，最可笑的莫过于严肃的哲人从事的技艺，也就是生产一种虚假的幸福，让我们从理性的规则和反思中求得快乐。薛西斯承诺，谁发明了新的快乐，他将奖赏谁。为什么没有哲人去领赏呢？或许，除非他们创造的许多的快乐是为了自己，除非他们鄙视财富，不需要薛西斯的奖赏可能带给他们的享受。事实上，我倒倾向于认为，他们根本不愿意用新的快乐装饰波斯宫廷，他们只是提供了不同寻常的新的嘲讽对象。他们的猜想如果只限于理论，只在希腊的学园里认真传授，可能会引起无知学生的崇拜，倘若将其用于实践，很快就会显露出荒诞的面目。

你以为借助理性、借助艺术规则就能让我高兴。要是那样，你肯定可以用艺术规则对我重新创造，因为我的幸福依靠我的原初框架和结构。但是，我认为你恐怕需要力量和技艺才能完成。我不认为你的智慧超过了自然。还是让自然来开动她如此聪明地设计出来的机器吧。我发现要是由我来摆弄，只会把它搞坏。

究竟是为了什么目的，我认为可以调节、改进或激活自然植入我身上的源泉或法则？难道这是我通向幸福的必由之路？但幸福暗示了安逸、满足、宁静和愉悦，而非警惕、操心和疲惫。我身体的健康体现于其运行所需的机能。胃主食物消化，心主血液循环，大脑主控精神，这些不用我操心。如果仅凭我的意志，就能让血液停止流动，或者让它在血管里猛冲，我就可能希望改变情欲。我会竭尽全力，从一个天生不适合以快乐影响我的器官的对象那里获得愉悦。我徒劳的努力只会给我带来痛苦，绝对不会带来快乐。

因此，丢掉这些自负的想法：我们可以自得其乐，可以尽享思想的盛宴，可以满足于行善的意识，可以鄙视外物的支持和帮助。这是自负的声音，不是自然的声音。倘若这种自负能够站得住脚，能够带来真正的内在快乐，无论这种快乐混杂了多少忧伤或苦涩，那也还不错。但是，这种无力的自负至多只能调节外在的快乐,它与无穷的痛苦和操心一起构成了哲学尊严的语言和面相,欺骗无知的凡人。然而,心灵却没有任何愉悦,没有得到正确的欲望对象的支撑,结果坠入了无底的痛苦和绝望。痛苦而自负的人啊!你的心灵能够自得其乐吗?!它究竟应该获得什么资源,才能填满巨大的虚空,才能填补你身体感官和机能的位置?没有身体的其他部位,你的心灵还能独善其身吗?要是那样,

必然会造就怎样一个愚蠢的家伙?
除了吃饭睡觉,别的什么也不做。

如果剥夺了外在的追求或享受,你的心灵必然坠入麻木或忧伤。

因此,不要再把我放进这强大的圈套。不要把我关在自我之中,要向我指出那些能够提供主要享受的对象和快乐。我何必向你们这些骄傲而无知的哲人求助,给我指出这条幸福之路?就让我问自己的情感和欲望好了。只有在它们那里,而不是在你们愚蠢的话中,我才能读到自然的指令。

你看,如我所愿,那个女神,那个令人愉悦的

快乐女神，那个诸神和人类的至爱，正朝我走来。目睹她的到来，我的心儿激烈地跳动，浑身上下都沐浴在快乐之中，她在我周围撒满春天的装饰和秋天的珍宝。她美妙的声音如同最柔和悦耳的音乐，她笑盈盈地邀请我品尝鲜美的水果。她的笑颜辉照着天地。跟她一起前来的丘比特，调皮地用散发着香气的翅膀为我扇风，为我奉上用金杯盛着的金色蜜糖。啊！让我张开四肢，永远躺在这张玫瑰床上吧，感觉到美妙的时光踩着轻柔的脚步悄悄溜走。可是，多么残酷的机会！你为什么要飞得这么快？为什么我热烈的愿望，在你的劳作之下产生的快乐，加快而非延迟了你无情的步伐？在历经追求幸福的疲惫之后，且让我尽情享受温柔的宁静。在历经如此长时间的痛苦和如此愚昧的禁欲之后，且让我尽情享受精美的礼物。

　　但没有这样的机会。玫瑰失去了娇艳，水果失去了芬芳，前不久才让我的感官兴奋迷醉的美酒，现在已无法勾起我餍足的味蕾。快乐女神在嘲笑我的倦怠。她招呼自己的妹妹美德女神前来相助。欢快活泼的美德女神听从了召唤，带来了一群快乐的朋友。欢迎！热烈欢迎！我的好伙伴们，来到这片清凉的林荫，享受这场盛宴。因为你们的到来，玫瑰重新娇艳，水果再度芬芳。金色蜜糖的气味再度盈满我的心房；你们共享我的快乐，从你们开心的笑容里，可以看到你们从我的快乐和满足中获得的愉悦。同样，我也从你们的快乐和满足中获得了愉悦。看到你们欢快地参与，我受到鼓励，将再续这场因为太多的享乐我的感官差不多餍足的盛宴，尽管我的心灵并不与身体同步，也没有为她过度劳累的伙伴提供慰藉。

相比于学校里那种一本正经的说教，在我们这番欢快的话语中，更能找到真正的智慧。相比于政客和所谓爱国者的空洞辩论，在我们真诚的交谈里，更能展示真正的美德。忘记过去，不要担心将来，且让我们在这里尽情享受现在。尽管我们只有一条命，且让我们抓住不受命运和机遇左右的美好的东西。明天将带着它自己的快乐前来。即使它辜负了我们的殷切希望，我们至少可以享受反思今日之快乐的愉悦。

我的朋友们，不要担心酒神和与他一起的狂欢者放肆的喧闹会破坏我们的欢聚，用它们动荡而喧嚣的快乐让我们扫兴。活泼的缪斯在旁边侍候，她们迷人的和声，足以让沙漠里穷凶极恶的虎狼发出善心，为每个心灵注入轻柔的欢乐。这片林荫地，将再次恢复和平、和谐、和睦；除了我们的歌声，除了我们欢快而友好的声音，这里将一片宁静。

但是，你听！缪斯的宠儿，那个温柔的达蒙，弹奏起了里拉琴；当他用更和谐的歌声伴奏和谐的琴声时，他也在用自己沉迷的同样欢快而放荡的幻想刺激我们。"你们这些快乐的年轻人，"他唱道，"你们这些上天的宠儿，当任性的春天把所有像花开一般的荣耀浇灌在你们身上，切莫要荣耀用她虚幻的火焰勾引你们，走过这危险重重的美妙季节，这生命的最好时光。智慧会给你们指出一条通往快乐之路。自然也会示意你们跟随她走过那条平稳的花径。难道你们会对他们的指令充耳不闻？难道你们会硬起心肠来面对他们温柔的诱惑？啊，你们这些容易上当受骗的凡人，如果你们不听，你们将会失去青春，你们将会扔掉如此珍贵的礼物，对如此易逝的赐福漫不经心。好好想想你们的补偿。认真考虑一下勾引你们骄傲的心灵、用你们自己的赞美勾引自己的那一种荣耀。它只是一个回声，一场梦，甚至可以说是梦的影子，什么风都可以刮走，遇到任何无知、没有判断力的大众的一声反对就会烟消云散。你们不用担心，死神会亲自出手把那一种荣耀夺走。但是，请注意！在你们还没有死前，中伤会夺走它；无知的人会忽略了它；自然不会喜欢它；只有幻想，放弃了所有的快乐，才接受这空洞的补偿，就像幻想本身一样空洞和不稳定。"

就这样，时光不知不觉地溜走，用其任性的车舆装载所有的感官快乐和所有和谐与友谊的快乐前行。微笑的天真女神在队列的最后；当她出现在我们狂喜的眼前，她让整个场面熠熠生辉。她让这些快乐的画面在经过我们之后依然销魂，正如这些女神正带着笑颜朝我们走来。

太阳从地平线上消失；黑暗悄悄降临，把自然中的一切埋葬于幽影之中。"我的朋友们，开心吧，继续你们的盛宴，或者安闲地休憩。尽管我不在场，但你们的快乐和安宁仍将是我的快乐和安宁。"可你去哪里了？什么新的快乐，把你从我们身边叫走？难道有任何东西，能够独自让你欣喜？难道有什么东西，我们这些朋友不能和你一同参与？"是的，我的朋友们，我现在追求的欢乐不接纳你们的参与。只有在这里，我希望你们缺席。只有在这里，我才能找到充足的补偿,补偿失去了你们的陪伴。"

不过,我还没有走很远,还没有穿过幽深茂密的森林,我的周围更加幽暗。不久,我透过幽暗看到了美丽的凯利亚,我的梦中情人,她正在林间空地焦灼地徘徊,因为我姗姗来迟,她暗自怒责我迟缓的步伐。但是,看到我最终出现,她转怒为喜,请求我的原谅,她焦虑和生气的念头顿然消失,只剩下相见的欢乐和狂喜。我亲爱的朋友们,我该用什么言语,才能表达我的温柔,才能形容现在温暖我这颗激动的心灵的柔情!言语太无力,不能形容我的爱;天啦,要是你们感觉不到同样的火焰,我想竭力向你们说清那是怎样的爱,终将是徒劳。但你们的一言一行足以让我消除怀疑;当它们表达了你们的感情时,也点燃了我自己的感情。这种孤独、这种宁静、这种幽暗多么可爱!现在没有任何东西纠缠我狂喜的心。快乐的念头和感觉完全占据了心灵,这种快乐,是凡人在其他享受中自负地追求,却求之不得的快乐。

但是,为什么你们的胸膛随着叹息起伏,热辣辣的脸颊上泪痕斑斑?为什么自负和焦虑吸引了你们的心思?为什么经常问我,**我的爱会有多久**?天啦，我的凯利亚，我能回答这个问题吗？**我知道我的生命会有多长久吗？**可是，这也不会打搅你温柔的心？我们的生命脆弱而有限，你们是不是永远摆脱不了这种意象，结果让你们在最欢快的时刻扫兴，毒害甚至是爱所激发的那些快乐！如果是那样，不如换个想法。既然生命脆弱，青春短暂，我们就应该珍惜当下，不浪费易逝生命的每一天。转眼间，一切都将不复存在。我们就像从来没有来过世间。没有一丝关于我们的记忆留存于大地；甚至传说中的下界也没有我们的一席之地。我们徒劳的焦虑，我们自负的计划，我们未定的设想，将全都遭到吞噬，失落在风里。我们现在对万物根由的疑问，天啦，永远不会解决。只有这一点我们或许可以确定，如果真的有上苍，他肯定会很高兴，看见我们实现了此生的目的，享受了专属于我们的快乐。就让这种想法缓解你的焦虑吧。但是，也不要老停留在这样的想法中，把你的快乐搞得太严肃。有这样一次就够了，认识这种哲学，放纵于爱和欢乐，消除自负迷信的种种顾忌。但是，我亲爱的朋友们，当青春和激情燃起我们迫切的欲望之时，我们必须找到更快乐的话题加入这些爱抚。

↣ 斯多葛主义者

在自然的行为中,就人和其他动物而言,有一个明显而具体的区别。自然赋予人崇高的天国精神,给了他与更高生命的亲和性,她不允许人如此高贵的能力闲置昏睡,而是借助必要性促使人在必要的时刻运用其能力和劳作。野蛮的动物则不同,它们主要的必需品,自然已为它们提供,作为万物慈祥的母亲,自然为它们提供了衣服和庇护,尽管它们时刻需要劳作,但通过注入其本能,自然仍然提供了它们能力,用她绝对正确的箴言引导它们走向善。可是人呢,出生时赤条条的,嗷嗷待哺,孤独无依,受到各种威胁,全凭父母的照拂和守护,才从无助的状态中慢慢成长起来,即使完全成年自足,也只有靠自己的照拂和警觉而获得生存的能力。一切都要由他的技艺和劳力来购买；即使自然提供了原料，这些原料仍然粗糙，并非成品，有待人主动而充满智慧的劳作，才能将其加工出来，使之摆脱原始状态，适合或方便使用。

因此，人啊，承认自然的恩慈吧，因为自然赐予了你智慧，正是这种能力，为你提供了所有的必需品。但是，切莫让怠惰戴着感恩的假面具，劝说你满足于自然的礼物。难道你愿意回到以牧草为食、以蓝天为被的生活，以石头和短棒为防身工具，对抗来自沙漠的穷凶极恶的动物？难道你愿意回到你野蛮的风俗，回到你胆怯的迷信，回到你粗鄙的无知，沉沦到你十分崇拜、极力想模仿其境况的那些动物之下？

你善良的母亲自然赐予了你技艺和智慧。她让整个世界充满原料，为的是你可以一展才华。倾听她如此平静地告诉你的声音，你自己也应该是你劳作的对象，唯有借助技艺和专注，你才能获得将你提升到这个世界上正确的位置的能力。你看这个工匠，他把这些粗糙的、没有形状的矿石提炼成了贵重的金属；然后，像变魔法一样，用灵巧的双手把贵重的金属铸造成防身的武器和日用的器具。这种技艺不是自然赋予他的，而是靠不断练习和运用习得的；如果你想模仿他的成功，你就必须追随他辛勤的脚步。

你野心勃勃地渴望完善你的体力和能力，难道你会鄙弃或忽视你的心灵，由于荒谬可笑的怠惰，任由它像刚出自自然之手时一样原始荒芜？任何有理性的生命，都绝不会那样愚蠢和马虎。如果自然一直在吝惜给我们的礼物和恩赐，那就更需要技艺来弥补我们的不足。如果自然一向慷慨大度，我们也应该知道，她仍然期待我们的努力和运用，如果我们掉以轻心，忘恩负义，就一定会受到她相应的惩罚。最卓越的才华，如同最肥沃的土地，如果闲置，就会长出最恶的野草；一个懒散的主人，收获的不会是怡人可食的葡萄和橄榄，而是大量的毒草。

人类一切劳作的伟大目的是获得幸福。为此，人类发明了技艺，培育出科学，制定了法律，在最有智慧的爱国者和立法者的努力下设计出社会。哪怕孤独的野人，幕天席地，要与严酷的气候和凶猛的野兽做斗争，也一刻没有遗忘他人生的这个伟大目的。尽管他对生活的任何技艺都懵懂无知，但他仍然念着一切技艺的目的,身陷黑暗之中依然热切地追求幸福。但是,正如最原始的野人比不上有教养的公民,有教养的公民也比不上真正的有德之人或哲人。在法律的保护下,有教养的公民享受到劳作创造的种种便利。真正的哲人却能支配自己的欲望,压制自己的激情,从理性中学会为每一种追求或享受设定公正的价值。难道没有一门技艺和一种练习是获得每一种其他幸福所必需的吗?难道没有一门生活的技艺、一个规则、一些箴言,在人生最重要的问题上指引我们?没有技艺,可以获得任何快乐吗?没有反思或智慧,仅由欲望和本能盲目引导,能够控制整个身心吗?假如在这件事情上不会犯任何错误,每个人,无论多么堕落和马虎,在追求幸福的过程中,总是准确无误地前进,就像天体遵循的轨道,受全能上帝之手的指引,滚过空灵的天宇。但是,倘若在这件事情上经常出错,且错误不可避免,那就让我们指示出这些错误,思考它们的原因,衡量它们的轻重,找到解决的办法。沿着这样的思路,当我们定下了一切行为的准则,我们也就成了哲人。当我们把这些准则与实践相结合,我们也就成了圣人。

如同许多打下手的匠人，被雇用来为一辆车装几个轮子或弹簧，那些精通生活各种技艺的人也是这样。他是大师傅，把不同的零件组合起来，按照比例与和谐驱动它们，产生真正的幸福，作为通力合作的结果。

尽管你心目中有那样诱人的目标，达到目的所必需的劳作与专注会否显得是个负担，难以忍受？你应该知道，这种劳作本身是你所欲的幸福的主要成分，如果不是竭力拼搏而得，任何享受很都会快令人厌烦。你看勤劳的猎手，离开暖洋洋的被窝，挣脱仍然压在眼睑上的沉重睡意，在曙光用燃烧的披风盖住天宇之前，就匆匆奔向森林。家中和周围田野里的动物，尽管肉味鲜美，主动送命一击，他们依然弃之不顾。勤劳的猎人鄙视廉价的收获。他要寻找躲藏的猎物、逃逸的猎物或反抗的猎物。他在狩猎的过程中用尽了心思，调动了身体的各种机能，然后才能发现休憩的甜美，高兴地将他的乐趣和他辛勤付出的劳作相提并论。

最无价值的猎物往往不值得我们用力追求；但是，哪怕是追求最无价值的猎物，辛勤的劳作不也能带来快乐吗？同样的劳作难道就不能让我们心智的修炼、激情的节制、理性的启蒙成为愉快的职业，让我们每天都意识到自己的进步，看到自己的精神面目跟随新的魅力而越来越容光焕发？你会开始治愈自己的麻木和懒散。这个任务不难。你只需要尝到辛勤劳作的甜蜜。你会开始学到每个追求的真正价值。这用不了多少时间。虽然只有一次，但你会比较心灵与身体、美德与机遇、光荣与快乐。然后，你会看清劳作的好处，你会清醒地认识到什么是你劳作的真正对象。

在玫瑰花床上追求安逸，你注定徒劳；从美酒和鲜果中获得享受，希望注定落空。你的懒散变成了疲惫；你的快乐制造了厌倦。没有经受锻炼的心灵会发现任何愉悦都乏味可厌；在你充满毒素的身体感觉到疾病的折磨之前，你高贵的心灵就意识到了毒药的入侵，但它却徒劳地通过追求新的快乐来缓解焦虑，结果只会加剧致命的痼疾。

我不需要告诉你，你这种对快乐的迫切追求，将使你更加受制于运气，把你的感情锁定于外物。而这些外物，在某个时刻可能会遭到运气的强夺。我会认为，那过于纵容你的星座，给你的恩惠还是对于财富的享乐。我会向你证明，哪怕在你奢侈的快乐中，你依然不幸福；沉溺于物质享受，你就不能享受真正的好运允许你拥有的东西。

但是可以肯定，运气的不稳定，是不应该忽视的一点。假如没有安全，幸福就不可能存在；假如运气占据主导，安全就没有位置。尽管运气这个不稳定的神灵不会对你大发脾气，但你对她的惧怕仍然会折磨你，打扰你的睡眠，让你做噩梦，让你最美妙的欢宴扫兴。

智慧的神庙高耸在巨石之上，超越了各种争夺者的怒气，超越了人的恶意。它的下面惊雷滚滚；那些更可怕的人之愤怒的工具，抵达不了那么崇高的高度。圣人气定神闲，带着同情愉快地俯视着凡人的错误。凡人误入歧途，盲目追求真正的人生道路，盲目追求财富、名位、光荣或权力，盲目追求真正的幸福。更令他失望的是凡人的殷切希望。有些人哀叹，曾经拥有的欲望对象，遭到嫉妒的好运强夺。所有人都在抱怨，哪怕他们郑重发起誓，哪怕得到应许，依然不能给予他们幸福，或者解除他们的心烦意乱。

但是，圣人总是在哲学的超然中自我保护，只满足于悲叹人类的痛苦，不会躬身出手解救？他一味沉溺于严肃的哲思，自以为超越于人事，实际上却是硬起心肠，不关心人类社会的疾苦？不；他知道，在这种阴郁的冷漠中找不到真正的智慧，也找不到真正的幸福。他强烈地感受到人与人之间感情的美好，根本无力拒绝如此甜蜜、如此自然、如此高尚的情感。甚至有时候，他会泪如雨下，悲叹人类的痛苦，他自己国家的痛苦，他朋友的痛苦。即便不能给予真正的帮助，他也会寄予同情，给他们慰藉。他会喜欢大度之情，从中得到的快乐超过任何最放纵的感官享受。人与人之间的感情如此美好，它们点亮了悲伤的脸，如同太阳的运行，无论是朝云还是暮雨，都能为它们绘上最美丽的色彩。这些美丽的色彩也见于自然的整个周期。

然而，人与人之间感情的优点不独在这里显示它们的力量。无论你用什么成分与它们混合，它们仍然占据主导。正如悲伤不能压倒它们，同样，感官的快乐也不能使它们模糊。爱情的喜悦，无论多么激烈，都不能驱逐温柔的同情和关爱。它们的主要影响甚至来自那大度之情。缺乏了大度之情的爱，心灵只会不幸，因为它只会带来倦怠和厌恶。你看那些快活的浪荡子，他声称除了酒色，鄙视一切快乐。倘若你把他和同伴分开，那就像从火里取走火花——当然此前这火花对一堆火是有贡献的——他的快活就会突然熄灭。尽管他周围有许多得到快活的途径，他对盛宴也提不起兴趣，宁愿选择最抽象的研究和思考，认为那更加快乐和有趣。

但是，人与人之间的感情不会提供那样激动人心的快乐，或者在上帝和人的眼里有光辉的外表，所以，当摆脱了所有世俗的混合物，它们只与美德相关联，促使我们走向值得赞美的高尚行为。正如搭配和谐的颜色，在友好的团结中相互增辉，人类心灵的这些高贵情感也是如此。你看，自然本性在父母之情中的胜利！无论是一个人对子孙的兴旺和德行喜形于色，还是赴汤蹈火也要去救助，这样自然流露的父母之情，什么自私的感情，什么感官的快乐，可以与之比拟？

如果你净化了这些大度之情，你就会更加赞叹其明亮的光彩。心灵的和谐中有多少魅力啊？建立在彼此的尊重和感激之上的友谊里有多少魅力啊？为受难者纾难，为痛苦者解忧，为悲观者鼓气，阻遏残酷的命运，阻遏更加残酷的人伤害善良而高尚的人，会是多大的满足？假如追随有德之人，或者接受睿智的劝告，我们学会了主宰自己的欲望，除恶扬善，压制住在我们内心的死敌，无论对邪恶还是痛苦都取得胜利，这会是多大的快乐？

不过，这些目标对于人心来说还是太局限。人心本是上天所授，它与最神圣、最广大的感情一起扩张，它关心的不只是亲朋好友，甚至对最遥远的子孙后代也抱以祝福。它认为自由和法律是人之幸福的源泉，它十分乐意投身于对幸福的监管和保护。当我们为了公众利益而奋不顾身，当我们为了国家利益而慷慨牺牲，劳作、危险、死亡，也有其自身的魅力。一个人，假如运气对他足够宽容，让他用美德回报自然的赠予，把否则必将被残酷的必然性抢夺的东西当成慷慨的礼物，他该是多么幸福！

那些展现出人性的崇高，或是把凡人提升到堪与神灵媲美的品质，都聚集于真正的圣人和爱国者身上。最温柔的仁慈，最无畏的决心，最温暖的感情，对美德最崇高的热爱，所有这些品质都不断鼓舞他激动的心灵。当他审视内心，发现最骚动的情感也转向和谐一致，所有的杂音都从心田迷人的音乐中被驱散了，这是怎样的满足？如果对静物之美的沉思都如此愉悦，如果这种沉思——哪怕我们还没有见识真正的美——都会让我们欣喜，那么，道德的美必会产生多大的效果？假如用它装饰我们的心灵，假如它是我们沉思和劳作的结果，它必会产生多大的影响？

可是，美德的回报在哪里？为了美德，我们必须经常做出钱财乃至生命的牺牲，如此重大的牺牲，自然会提供什么补偿？啊，大地之子！你们难道不知道美德这位天女的价值？当你看到她真正的魅力，难道你只想卑贱地分取一部分？你应该知道，自然对于人类的缺点很宽容，每个人都是她的宠儿，她绝不会使其赤身裸体、没有天赋。她为美德准备了最丰厚的嫁妆。但是一定要当心，以防求偶者陷于利益的诱惑，结果对自然如此英明赐予的天女的内在价值视而不见。美德的丰厚嫁妆，也只有在那些因热爱美德而心潮澎湃的人心目中才有魅力。光荣是美德的一部分，是高尚劳作的甜蜜回报，是胜利的桂冠，戴在深思熟虑、公正无私的爱国者头上，戴在征尘满面、凯旋归来的战士的头上。那样一个崇高的奖赏把一个有德之人送上崇高的地位，他就可以鄙视一切快乐的诱惑，鄙视一切危险的威胁。当他想到，死亡只能主宰他的一部分，尽管终将死亡，生命有限，悲欢离合，人事沧桑，但他也相信，在人子之中，他必将有不朽之名，这时，死亡也就不再让人害怕。

可以肯定，有一个生命主宰着这个世界，他以无穷的智慧和力量，把冲突的一切转化为公正的秩序和比例。喜欢探究的人会争论，这个仁慈的生命操心的范围有多大，我们进入坟墓之后是否还会再生，是否会给美德公正的回报，使之取得彻底的胜利。有德之人在这样一个可疑的话题上不必下任何定论，依然可以满足于这个万物的最高支配者划给他的那一份。如果还为他准备了额外的奖赏，他会心存感激地接受。即便失望了，他也不会认为美德只是空名。他会公正地认为美德是对他的奖赏。他会感谢慷慨的造物主赐予他生命，让他有机会拥有如此珍贵的财富。

➡️ 柏拉图主义者

对于有些哲人,这似乎是奇怪的事情,人类具有同样的本性和同样的才能,但在追求和爱好上却有那么大的差异,一个人会极力指责另一个人深情追求的东西。对于有些哲人,这似乎是更加奇怪的事情,一个人在不同的时候居然会大相径庭;之前发誓许愿想要的东西,一旦到手,就会弃之若敝屣。在我看来,人类行为中这种高烧般的不确定性和优柔寡断,似乎完全不可避免。即便生来适合沉思至高上帝及其造物的理性之人,也难以享受宁静或满足,只能沉湎于对感官快乐或世俗赞誉的卑下追求。神性是充满幸福和光荣的无边大海,人心不过是小溪。人心的小溪发源于神性的大海,在蜿蜒流淌的过程中，它一直想回到源头，汇入那浩瀚的完美。倘若它自然的进程遭到邪恶或愚昧的阻挡，人心的小溪就会变得愤怒，膨胀成洪流，然后把恐怖和毁灭洒在周围的平原上。

利用夸张的语言和热辣的表达，每个人徒劳地推荐他的追求，邀请轻信的听者模仿他的生活和举止。隐藏在面具之后的人心清醒地感觉到，即便取得了最大的成功，那样的快乐还是难以令人满足，因为心灵并没有追求到它真正所欲的对象。我考察过获得满足之前的享乐主义者；我衡量过他强烈的欲望和他所欲对象的意义；我发现他所有的快乐只来自仓促的心思，带他远离自我，把目光从他的负罪感和痛苦中转移。待他获得了满足，追求到他心心念念的享受之后，我再次考察过他。他又有了负罪感和痛苦，而且翻了一倍：他的心灵受到恐惧和悔恨的折磨；他的身体因厌恶和餍足而压抑。

但一个更威严，至少更高傲的人，会大胆主动地出来接受我们的指责。他顶着哲人或道德家的头衔，会主动接受最严格的考察。他带着隐藏起来但仍然依稀可见的不耐烦来挑战我们的毁誉；当我们在对其美德表达景仰前略微迟疑时，他似乎觉得受到冒犯。见到这种不耐烦，我就更加迟疑。我就要开始考察他那貌似是美德的动机。但你看，我还没来得及考察，他就匆匆而去。他只对一群心不在焉的旁听生讲话，用他冠冕堂皇的说辞引他们开心。

啊，哲人！你的智慧是虚妄的，你的美德是没有用的。你追求人们那无知的掌声，却不追求坚定地反思自己的良知，不追求全能上帝牢不可破的认可。你肯定意识到你假装的正直的空洞。你自称是公民、人子、朋友，却忘记了至高之主，你真正的父亲，你最大的恩人。一切美好而珍贵的东西都来自他无穷的完美，你因那无穷的完美而产生的崇敬在哪里？造物主把你从虚空中召唤出来，把你安置在形形色色的人际关系中，要求你尽到各种关系的职责，严禁你忘记应该感激的、与之有最密切纽带联系的那个最完美的生命存在，你对他的感激在哪里？

可你把自己当作偶像。你崇拜自己幻想的完美。或者说，你意识到自己真正的完美，却只想通过繁殖无知的崇拜者来欺世，取悦你的幻想。因此，你不仅忽视宇宙中至善至美之主，你还想用至恶至丑之物取代他的位置。

看看所有人的作品，看看你认为具有如此敏锐洞察力的人之智慧的发明。你会发现，最完美的产品仍然来自最完美的思想；尽管我们把掌声献给造型完美的雕塑，献给肃穆对称的建筑，但唯有心灵，才真正受我们崇敬。我们看到雕塑家或建筑师，就会联想起他的作品之美，从一堆不成形的材料中，抽取出那样的比例和表现形式。你会承认思想和智慧有着更高层次的美，同时，你应该邀请我们沉思你行为中和谐而高贵的情感，沉思最值得我们关注的优雅的心灵。但你为什么就此止步呢？难道你没有看见更有价值的东西？在你对美和秩序的狂热掌声中，难道你仍然不知道去哪里找到至美，找到最完美的秩序？把我们的艺术品与自然的作品比较一下。前者不过是对后者的模仿。艺术品越接近自然，人们就越认为它完美。但是，哪怕最接近于自然的艺术品，我们或许可以看到，其间的差距还是那么遥远！艺术只能复制自然的表象，而遗留了其内在更值得崇拜的源泉和法则，因为这些非艺术的模仿所能及，也超出了艺术的理解。艺术只是模仿自然微不足道的产品，自然造化中如此令人惊叹的宏伟崇高，是可望而不可即的。那么，我们怎能如此盲目，看不到宇宙如此精美的、最值得赞叹的发明中的智慧和设计呢？我们怎能如此愚昧，感觉不到对那至善至惠的生命最热烈的崇拜和敬仰，从而对他进行沉思呢？

可以肯定，最完美的幸福必然源于对最完美的对象的沉思。但是，还有什么比美和美德更完美？哪里可以找到堪比宇宙之美的美？哪里可以找到堪比仁慈公正的上帝的那种美德？如果有任何东西减少了我们这种沉思的乐趣，要么是我们能力有限，只看到很小一部分美和美德，要么是我们生命短暂，没有足够的时间学习这些美和美德。但是，值得宽慰的是，如果我们善用此生赐予我们的才能，我们仍会在另一种生存状态中增加美和美德的知识，从而让我们更适合得到造物主的认可。这种使命不可能在一生的时光中完成，它将是永恒的事业。

↠ 怀疑论者

对于哲人在一切问题上的判断,很久以来我都保持怀疑。我发现,对于他们的结论,我更倾向于质疑,而不是认同。他们看起来无一例外都容易犯一个错误:他们把自己的法则限制得太死,根本不考虑自然在运行过程中呈现出来的千变万化。一个哲人一旦抓住了一个他喜欢的法则(这个法则或许解释了许多自然现象),就会将它扩大到对整个世界的解释,把一切现象都归于它,哪怕这种推论十分粗暴和荒唐。由于我们的心灵肤浅而狭隘,我们不可能完全认识自然的变化和范围,但我们可以想象,正如我们的推测会受限,自然在运行过程中也同样会受限。

倘若在某种情况下对哲人的缺点产生过怀疑，那就是针对他们关于人生的推理以及如何获取幸福的方式。他们在这方面误入歧途，不仅是由于理解力的狭隘，还由于他们情感的局限。几乎每个人都有一种占主导性的情感，支配其他欲望与爱好；或许除了偶尔的例外，这种主导性的情感会支配他的一生。他似乎全然漠视的事物能够给人快乐，或者他完全没有注意到的事物具有迷人的魅力，要理解这一点，对于他来说是困难的。在他看来，他自己的追求永远是最迷人的，自己欲求的对象总是最有价值的，自己所走的路才是唯一通向幸福的路。

但是，如果这些带有偏见的推理者稍加反省，就会发现许多明显的事例和观点，足以使他们醒悟，从而拓宽自己的公理和法则。他们难道没有看见，人的性情多种多样，追求五花八门，每个人似乎都对自己的道路非常满意，如果强迫他们过邻人的日子，他们会认为那是最大的不幸？他们难道没有切身体会，由于性情的改变，有时使自己快乐的事物，换一个时候却使自己不快？他们难道没有切身体会，即便尽了力，也不能重新唤回某种趣味或欲望，正是这种趣味或欲望，让他们从前对一些东西着迷，而现在这些东西在他们看来却无趣甚至令人生厌？因此，应当想想，喜欢都市生活还是乡村生活，行动的人生还是享乐的人生，出世还是入世，对它们进行统一的取舍，有什么意义？除了不同的人有不同的性情，每个人的经历也会让他相信，所有这些生活都有可取之处，正是有多样的生活可以选择，可以合理混搭，方使所有这些生活都称心如意。

但是，这样的事就该容许冒险吗？一个人在决定自己的生活道路时，难道只需听任自己的喜好与性情，完全无须运用理性来告诉他哪条路可取，最能确保通向幸福？难道一个人的行为真的与他人没有差别吗？

我的回答是，差别很大！一个人按照自己的性情去选择生活道路，可能会比另一个听凭自己的性情引导进入同样的生活道路、追求同样目的的人采取更稳妥的方式获得成功。**财富是你追求的主要目标吗？**那你就该获得所从事的那一行业的技能，兢兢业业，不断扩大朋友和熟人圈子，减少享乐与花销，绝不可慷慨大方，时刻注意节俭，量入为出。**你渴望受人尊重吗？**那你就该避免傲慢自大，也不要奴颜婢膝；你要让人看到，你有自己的价值定位，却无鄙视他人之意。要是你陷入两个极端之一,那你要么因你的傲慢而激起他人的傲慢,要么因你怯懦的屈从和你看起来的自我轻贱而遭他人鄙视。

你会说,这些不过是关于立身谨慎小心的一般准则,每个父母都会灌输给自己的孩子,每个理智的人在其选择的生活道路中都会遵循。既然如此,你还想要什么?难道你来向哲人请教,就像是来找**一个狡猾的人**,不是为学到靠谨慎小心就可以知晓的东西,而是要学会用魔力或巫术获得的东西?是的,我们向哲学家求教,是为了知道怎样选择人生目的,而不是如何实现目标。我们想知道,我们应该满足什么欲望,听从什么激情,沉迷什么趣味。至于其他,我们托付给常识、托付给为人处世的一般法则来指导。

所以,我很抱歉,我不该自命为哲人。因为我发现你们的问题让我很为难,如果我的回答过于死板严肃,我就有被看作迂腐学究的危险,如果我的回答过于轻松随便,又有被当作宣扬邪恶和不道德的危险。然而,为了满足你们的愿望,我还是打算就此发表一点看法,我只希望你们能和我一样,不要太在意我的浅见。这样,你会认为,我的答案既不值得你奚落，也不值得你生气。

如果说我们能依靠从哲学中学到的任何法则，那么，我认为这个法则可视为确凿无疑：事物本身无所谓高贵或卑贱，可爱或可憎，美丽或丑陋，所有这些特性都源于人之情感的特殊构造与搭配。一种动物喜爱的美食，另一种动物可能会感到恶心；一个人感到高兴的事物，另一个人可能会感到不快。大家都公认，这个法则适用于所有身体感官。但是，如果更精细地考察，我们会发现，只要身心合一，外在的欲求和内心的情感合一，这个法则对心灵同样适用。

如果你要一个热恋中的人告诉你他恋人的特点，他会跟你说，他找不到语词来形容她的魅力，他会很严肃地问你，你是否见过女神或天使？如果你说从没见过，那么他就会说，你不可能体会到他恋人那种貌若天仙的美：完美的身材，姣好的面容，迷人的风范，甜蜜的性情，开朗的气度。但是，从他的这番话里，除了他在热恋外，别的你都无法推知。异性相吸是自然灌注在一切动物身上的普遍法则，现在，这个法则在他身上起了作用，某些给他带来快感的品质决定了他走向某个特殊的对象。同样一个上帝的造物，在另一种动物或另一个人看来，只不过是一个生灵而已，只会冷眼相向。

自然赋予一切动物一个特点，即偏爱自己的后代。无助的婴儿一睁开眼，尽管在他人看来只不过是微不足道的可怜的小东西，但在满含爱意的父母的眼里，他胜过世上一切，无论它们多么完美无缺。唯有这种发自人性的原始结构与形态的感情，才能赋予最微不足道的对象以价值。

我们可以把这一观察再推进一步，或许可以得出结论：即使只有心灵在起作用，体会到厌恶或喜爱的感觉，它也会声称某个事物丑陋可厌，某个事物美好可爱；我敢说，即便如此，那些品质也不是事物本身的品质，而是完全属于进行褒贬的心灵的感受。我承认，对于一个不爱深思的人来说，讲清楚这个道理比较难，讲得像是可以摸得着就更难了。因为自然的面目，相对于身体的大多数感觉，在心灵的感觉中更加一致；它在心灵中得到的摹写要比人的外在描绘更真切。在精神的趣味方面，有某种接近法则的东西；批评家的推理与辩驳要比美食家和香水鉴赏师更可靠。然而，我们不妨说，人与人之间的共性并无妨碍对美与价值的感知千差万别，更何况教育、习俗、偏见、任性以及性情，都常常改变我们的精神趣味。对于一个不习惯听意大利音乐、不懂得欣赏其幽微的人，你永远无法说服他一首苏格兰音乐没有意大利音乐好听。除了你自己的趣味之外，你甚至拿不出任何理由证明自己的言论；至于那些反对你的人，他们的特殊趣味似乎总是更有力的证据，证明相反的结论。如果你们都很明智，就得承认，对方可能也是对的；趣味不同的事例还有许多，你们双方都应承认，美与价值都只是相对而言，存在于一种令人满意的感受中；这种愉悦感是某种事物在某个心灵中按照该心灵特定的结构和形式而产生出来的。

感受的多样性在人类身上是可以观察到的。或许，自然想借此让我们感知她的威力，让我们明白，她只需改变人的心灵结构，而无须改变外在对象，就能够为人的情感与欲望带来什么惊人的变化。这个道理，可能俗人都能明白；但是，喜欢思考的人也许会从主体的本性中得出一个更加令人信服，至少更具普遍性的结论。

在推理过程中，心灵所做的不过是要碾过对象，就好比认为它们真的站在那里，既不增添任何东西，也不减少任何东西。如果我要审查托勒密或哥白尼的天文体系，通过我自己的探索，我只需努力弄清行星的实况；换言之，我只需在自己的观念中确定行星之间的关系，让这种关系与行星在宇宙中间的相互关系一致。因此，对于这种心灵活动来说，事物的本性似乎总有一个真实的标准，尽管通常不为人知。这个标准的对与错，不会因人的理解力的不同而改变。尽管所有的人一直都认定太阳在动而地球不动，太阳也不会因为这些推论而从它的位置上挪动一寸；这样的结论永远是虚假的、错误的。

但是，关于**美或丑**、**可爱或可憎**这些品质，与判断真理或谬误是不同的。在前一种情况中，心灵不满足于只是考察其对象，仿佛这些东西是自立的一般；心灵还在考察之后，体会到愉快或不安、赞许或谴责的感受，这种感受决定了心灵将**美或丑**、**可爱或可憎**的判断附加于考察对象。所以很明显，这种感受必须依靠心灵的特定组织或构造，使得这种特定的形式按照特定的方式运作，在心灵与其考察对象之间产生共鸣或一致。改变心灵或心灵器官的构造，感受也就变了，尽管形式依旧。感受与对象不同，感受源自对象作用于心灵器官，改变了心灵器官，感受必然会变。同样的对象如果呈现于完全不同的心灵，产生的感受也是不一样的。

只要是感受与对象可以明显区别的地方，不需要多少哲学，每个人都可以得出以上结论。谁不懂得，权力、荣耀、复仇，本身并非可欲，它们的全部价值来自人的情感结构，是人的情感结构产生了对它们的欲望？但是，就美而言，无论是自然美还是道德美，一般认为是不同的情况。人们认为，这种令人愉快的品质就藏在对象身上，而不是在人的感受里。这只是因为人的感受还不够难以控制和强烈，不能以一种明显的方式将自身和关于对象的认知区别开来。

不过，略加思考就足以将它们区别开来。一个人可能十分了解哥白尼体系中的全部圆形与椭圆形，十分了解托勒密体系中的不规则螺旋形，却没有感知到前者比后者更美。欧几里得充分解释了圆的各种性质，但在任何命题里都没有提到圆的美。道理很明显，美不是圆的一种性质。圆的美并不在于任何一段圆弧，圆周上的每一点与圆心的距离都相等。圆的美只是圆形对心灵造成的效应，心灵的特殊组织或构造使圆形容易产生美感。无论是靠感官，还是通过数学推理，在圆周上，或在圆形的所有性质里，要寻找或追求这种美，都是徒劳的。

一个数学家，若在阅读维吉尔的《埃涅阿斯纪》时，只对按图验证埃涅阿斯的航路感兴趣，可能完全理解这位神圣的作家使用的每一个拉丁语词汇的意思，也可能完全明白整个故事。他对作品的见解可能会超过那些没有详细研究诗中所涉地理的人。因此，他洞悉诗中的一切，却对其中的美浑然不知。因为严格说来，美不在于诗作之中，而在于读者的感受或趣味之中。一个人倘若没有这种优雅的趣味，没有感受到这种情感，必定仍然对这种美一无所知，哪怕他具备天使的知识和理解力。

那么，由此可以得出结论，我们判断一个人的快乐，并不是根据他所追求的对象的价值，而只是根据他在追求时所带有的情感以及他在追求中所获得的成功。追求的对象本身绝对没有价值；其价值仅仅来自人的情感。如果那种情感强烈、稳定，而且获得了成功，这个人就会感到幸福。没有理由怀疑，一个小姑娘穿着新衣去参加学校的舞会，她所得到的快感，与一个以精彩的口才征服无数听众心灵的伟大演说家是一样的。

因此，就生活而言，一个人与另一个人的差异，全在于这种情感，或者这种快感。其间的差异，足以产生幸福与不幸这两个遥远的极端。

要想幸福，这种情感既不能过于激烈，也不能过于平淡。在前一种情况下，心灵永远处于忙乱不安之中；在后一种情况下，心灵会陷入难以忍受的冷漠怠惰之中。

要想幸福，这种情感必须是温良的、文雅的，而不是粗野的、猛烈的。后一种情况下的情感给人的感觉不如前一种情况下的情感给人的感觉舒适。谁会把怨恨、敌视、嫉妒和报复看作友谊、仁爱、和蔼和感恩呢？

要想幸福，这种情感必须是欢快的、愉悦的，而不是抑郁的、忧伤的。乐观向上的性情是真正的财富，悲戚忧惧的性情是真正的贫困。

在享受追求对象的过程中，有些情感或性情会不如其他情感或性情那么稳定、持久，所产生的快乐与满足也没那么持久。比如，**哲人的投入**与诗人的激情一样，都是一时的产物，需要靠高昂的精神、充裕的闲暇、良好的天赋和学习思考的习惯来浇灌。即便具备所有这些条件，一个抽象的、不可见的对象，比如**自然**宗教才会给我们提供的那些对象，也不可能长久地激励心灵，不可能在生活中有任何作用。要使这种激情变得持久，我们必须找到某种方法，影响人的感官或想象，必须拥抱某种关于神的历史论述和哲学论述。我们甚至发现，流行的迷信和仪式在这方面也会有用。

尽管人的性情很不同，我们还是可以放心地说，快乐的生活不可能像做事的生活那样长久地维持下去，而是容易让人感到餍足或厌恶。最持久的娱乐都混杂了投入与专注，比如打牌和打猎。一般说来，事务与行动填补了人生所有的大块空白。

但是，在性情最适合享受的地方，往往又缺乏享受的对象。在这一点上，追求外部对象的情感，对于幸福的贡献，不如我们本身就有的情感。因为我们既不肯定能够接近那些对象，也无法保证可以拥有它们。就幸福感而言，求知的激情好过求财的激情。

有些人具备强大的心智。即使追求**外物**，也不太受失望的影响，而是用最愉快的心态重新开始，奋发努力。没有什么能比这种心灵的调整更加有益于幸福。

按照以上对人类生活的简略勾画，最幸福的心性是**有德**的心性，或者换句话说，是这样一种心性，它引导我们走向行动和工作，使我们在社交时通情达理，面对命运的打击时能够鼓起勇气，能使各种感情执守中庸之道，能使我们的思考成为一种享受，能使我们乐于交流，而不是沉迷于感官享乐。说到这里，即便是最马虎的人，在推理时也必定会明白，并非所有的心性都同样有利于幸福，一种情感或性情可能极度想要，而另一种情感或性情却可能极度不想要。实际上，生活状况的差别，全都取决于心灵；就其本身而言，没有一种境遇比另一种境遇更好或更坏。好与坏，不管是自然的还是道德的，完全是相对于人的感觉或情感而言。如果人能改变自己的感受，就不会有不幸的人。人应该像希腊神话中的普罗特斯一样，不断改变自己的形状，避免各种打击。

但是，自然在很大程度上剥夺了我们的这种能力。我们心灵的组织与构造，就像我们的身体一样，不依靠于我们的选择。一般人甚至根本不知道，这方面的任何改变是值得欢迎的。正如一条小溪必然要因循地形的变化而流动，同样，无知与不爱思考的人也是受其自然天性的驱使。无论是各种自诩的哲学，还是自吹的*心灵之药*，都已有效地把这种人排除在外。但是，甚至对于有智慧、爱思考的人而言，天性的影响也是巨大的；人并不总是有能力通过极高的技艺与极度的勤奋来矫正自己的性情，形成他渴望的美德。哲学帝国的范围只覆盖少数人，就此而言，它的权威也是微弱有限的。人可以很好地理解美德的价值，也可能渴望获得美德；但并不总是可以确定，他们能够得遂心愿。

无论是谁，只要不存偏见地考察人的行为，都会发现，人几乎完全受到自己的身心与性情的引导；大道理的作用不大，只能影响我们的趣味或感受。一个人如果有强烈的荣誉感与道德感，情感保持节制，他的行为就总能符合道德法则，即便偶有偏离，也很容易快速回归正道。反之，一个人如果天生就是一副乖僻的心理结构，生性冥顽麻木，对美德与仁善无动于衷，对他人没有同情心，也不想要赞誉和掌声，这样的人注定不可救药，哲学也没有解药。他只能从低级的感官对象中，或者在沉溺于恶欲中得到满足。他不思悔改，不会控制自己邪恶的性情。他甚至不知道，有一种感知力与趣味，可以用来升华他的欲望。就我而言，我不知道该对这样一个人说什么，或者用什么道理来改造他。要是我告诉他，内心的满足来自值得赞许的仁善行为，来自无私的爱与友谊的精致快感，来自美名与声望的恒久享受，他可能仍然会说，这些东西或许只是对于易受其影响的人来说才是快乐，但对于他，他发现自己的性情取向和别人完全不同。遇到这样的情况，我就只能再说一次，我的哲学没有解药；我只有悲叹这个人的不幸。不过，我还是想问，别的哲学有解药吗？通过某种哲学体系，是否可能使所有的人都有美德，不论其天生的心灵结构如何乖僻？经验立刻会告诉我们，恰恰相反。我敢断言，或许哲学的好处，主要是通过间接的方式，更多来自潜移默化的影响，而不是直接的运用。

可以肯定，真心关注科学与文艺，会使人性情更柔和，更有人情味，更加珍视构成真正的美德和荣誉的那些美好情感。一个有品位、有学问的人，不论有什么缺点，都不至于是一个不诚实的人；例外的情况实属罕见。他的心灵偏好于思考学问，一定会克服功利和野心，同时也一定会赋予他更强的生命庄重感与责任感。他对品格与作风的道德区别有更全面的感受；通过反省，他的这种感受非但不会减弱，反而会大大加强。

除了这些气质性格的潜移默化，学习和实践还很有可能产生其他变化。教育的巨大效果或许让我们相信，心灵并不完全冥顽不化，而是可以对其原初的组织结构进行改造。只要让一个人给自己树立一个他所赞同的品格榜样，让他好好熟悉自己的品格偏离这个榜样的特定地方，让他时刻警醒自己，不断努力趋善避恶，我毫不怀疑，假以时日，他会发现，自己的性情会有好转。

习惯是另一种改造心灵的有力手段，它能将好的性情植入心灵。一向沉稳节制的人，会讨厌骚动与无序。如果他经商或学习，闲着无事就像是对他的惩罚。如果他一向乐善好施，他会很快对一切傲慢与暴行感到憎恶。如果他坚信，有德的生活才是最好的生活，如果他曾经下决心严于律己，那么，他的改进就不会令人失望。遗憾的是，除非一个人事先具备一定的美德，否则，绝不会有这种信念和决心。

正是在这里，才体现出艺术与哲学的主要成就。艺术与哲学潜移默化地改善了我们的性情，它们指引我们，怎么一心一意、反复操练，养成那些性情。除此之外，我不认为它们还有什么别的重要影响。对于在一些喜欢推理和思辨的人中间十分流行的那一切说教与劝勉，我必须抱持怀疑态度。

我们已经说过，没有什么事物对象本身是可欲的或可厌的、可贵或可鄙的；对象的这些品质来自观察者心灵的特性与构造。因此，为了减少或增加事物对象在人心目中的价值，激发或平息一个人的激情，都没有什么直接的道理或者理由，可以用来发挥效力或影响。只要能给人带来快乐，像图密善一样捕捉苍蝇，也会比像英国国王威廉·鲁福斯一样打猎或者像亚历山大大帝一样征服其他王国更为惬意。

然而，虽然不同对象的价值只是取决于每个人的感受或情感，我们或许可以说，在做出价值判断时，每个人的感受或情感，考虑的不仅是对象本身，还要考虑与它相关的一切条件。一个人因得到一颗钻石而狂喜，他看到的就不只是一块闪闪发光的石头。他还想到它很珍贵；他的狂喜主要来源于此。因此，一个哲学家在这里可以站出来，指出我们可能会忽视的一些观点、考虑以及条件；这样一来，他就可能平息或激发某种特定的情感。

在这方面，绝对地否定哲学的权威或许看起来没有道理。但是必须承认，还有一种反对它的有力假设，那就是，如果那些观点是自然的、显而易见的，它们无须哲学的帮助，自己就会出现；如果它们不是自然的，它们就不会对人的情感产生任何影响。人的情感极其微妙，不受任何技艺或习惯的迫使或约束，不管多么努力。我们刻意追求、艰难进入、小心呵护的一种技艺或习惯，永远产生不了人的情感那些真正而持久的活动，因为那些活动是自然的结果，是心灵结构的产物。一个人希望用塞涅卡或爱比克泰德的人为学说来激起或平息情感，这就好比一个人用显微镜或放大镜之类的人为手段来看自己失去的恋人，看出她皮肤粗糙、五官不谐，然后宣称治好了情伤。在这两种情况下，对于对象的天然模样及情景的记忆仍挥之不去。哲思太玄远，无法走进日常生活，不能根除任何情感。大气层风云之上的空气过于纯净，不适合我们呼吸。

哲学为我们提供的那些过于精微的思考还有一个缺陷，那就是，它们在减弱或消除我们的不良情感时，通常连我们的美德也一道减弱或消除了，结果我们的心灵变得十分麻木、毫无生气。哲学思考大多具有普遍性，适用于我们的所有情感。如果我们希望它们只产生一个方向的影响，这是徒劳的。如果通过不断地学习与思考，我们熟悉了它们，将它们化为己有，它们就会无处不起作用，遂使心灵麻痹。当我们毁掉了神经，我们身体的快感与痛感也一并灭绝了。

我们一眼就能发现，古往今来备受推崇的那些哲学思考，大多都有这种或那种缺陷。有哲人说："*不要因他人的伤害或暴力，而让愤怒或仇恨扰乱你的心灵。你会因为猴子的顽皮或老虎的凶猛而发怒吗？*"这种说法会导致我们对人性有不好的看法，必然损害我们的社交情感。它还会使人对自己的罪恶毫无忏悔之心，认为人性本恶，正如恶是凶残野兽的本能。

有哲人说："一切痛苦都源于原本绝对完美的宇宙秩序出现了失序。难道你会为了个人利益打破宇宙的神圣秩序吗？"但要是我遭受的痛苦源于他人的恶意或压迫呢？有哲人会说，"在宇宙秩序里，人之邪恶和不完美也是可以理解的"：

> 如果瘟疫与地震都破坏不了天意，
>
> 那么，为何波尔吉亚和喀提林这样的人就能？

且让我们承认，我们自己的恶也是这一秩序的一部分。

有人说，在乎他人的看法，就不会幸福。对此，一个斯巴达哲人回答，"如此说来，只有恶棍和强盗才幸福"。

有哲人说："人生来就痛苦，他会对任何不幸感到吃惊吗？他会因任何灾难而痛哭流涕吗？"是的，他悲叹自己生来命苦，这是很有道理的。你的劝慰只触及他的不幸之万一，而你却认为能够安慰他。

有哲人说："你必须始终正视死亡、疾病、贫穷、失明、流放、诽谤和侮辱，把它们看成是人性偶尔难免沾染的不幸。只要预先想到，当不幸临头时，你就更容易忍受。"而我的回答是，如果我们对人生中的不幸的思考只是这样离得远远地泛泛而谈，就无助于对它们做好准备。但是，如果过于仔细地思虑，感到它们就在眼前，我们在劫难逃，这也是毒害我们的快乐、让我们陷入无尽痛苦的真正原因。

有哲人说："你的悲痛是无益的，不会改变你的命运。"非常对，我正是为此感到悲痛。

西塞罗安慰聋子的话有点奇怪。他问，"世上有多少语言你听不懂？迦太基语、西班牙语、高卢语、埃及语，在这些语言面前，你就像聋子一样，可是你对此并不在乎，那么，你又何必在乎再多一种语言听不到，认为这是巨大的不幸？"

我更喜欢昔勒尼学派的安提帕特的巧妙回答。他失明后，几个妇女来安慰他，他说："什么！难道你以为黑暗中就没有快乐？"

丰特奈尔说："最能摧毁一个人的野心和征服欲的，莫过于真正的天文体系。与无限的宇宙相比，地球是多么渺小的东西。"显然，这种言论太玄远，起不到什么作用。即使有一点作用，会不会在摧毁野心之时也把爱国心摧毁？丰特奈尔喜欢向女性献殷勤。他还振振有词地说，从最广的天文学角度来看，女性的明眸是唯一不会丧失光华或价值的东西，经得起任何学说的检验。难道哲人给我们的忠告，仅仅是热爱女人的明眸？

普鲁塔克对一位流放的朋友说，"流放不是坏事。数学家告诉我们，与宇宙相比，地球只是一个点而已。那么，去国离乡，也不过是从一条街道搬到另一条街道。人不是植物，只能植根于大地的某一点。任何土壤、任何气候，都同样适合他"。这番话，若落入流放之人耳中，固然堪称良言，但若让从事公务的人听到，摧毁他们对家国的依恋，又有什么好处呢？它会不会像江湖郎中吹嘘的包治百病的药方？

如果把一种更高级的生命注入人体，可以肯定，现在的生命在他眼里就会显得卑贱、可鄙和幼稚，他就再也不愿做任何事，对身边的一切都会漠不关心。这时，要让他做胼力那样的人物，他都很难屈尊，热情爽快地答应，其难度就好比在那位胼力做了五十年国王和征服者之后，强迫他专心致志地补鞋，那原是琉善指派他在阴间的行当。现在，可能发生在这个假设生命存在上的鄙薄人类事务的言论，也出现在一个哲人身上；但是，由于在一定程度上，这些话题超出了人的能力，又不能通过经验得到更好的验证，因此没有完全引起他的重视。他知道这些话题是真实的，只是体验不深。一个哲人只有不刻意追求卓越，才能成为卓越的哲人，换句话说，他不应受任何事情干扰、任何欲念诱引。别人玩牌时，他会奇怪那些人的热情和亢奋；等他下注时，他一样受到那种激情感染，而那种激情是他只做一个旁观者时大加挞伐的。

在哲学书里经常见到两个观点，从中可望产生任何重要的影响，因为它们来自日常生活，在对人类事务的最肤浅见解中都可以看到。第一种观点是，当我们想到人生的短暂与无常，我们对幸福的一切追求就显得多么可鄙。即便我们愿意关注一下来生，只要我们想到，人类事务处于不断的变化与革新之中，法律与知识、书籍与政府，都随时光匆匆流逝，像一条奔腾的溪流，消失在无边的大海，那么，我们就会发现，我们那些宏伟蓝图显得多么轻浮。这样的想法，必然会扑灭我们所有的情感。但是，它难道不也是一种对自然之伎俩的对抗？毕竟，自然女神兴高采烈地欺骗我们相信，人生很有意义。而且，这样一种想法，难道不可以被那些耽于享乐之人作为理由，成功地说服我们偏离行动与美德的小径，走进布满怠惰和逸乐的花地？

修昔底德告诉我们，在雅典那场著名的瘟疫中，死亡仿佛要降临到每个人身上时，及时行乐反而盛行，人们相互劝告，只要活一天，就得好好享受。薄伽丘对佛罗伦萨的那场瘟疫也做了同样的观察。同样道理,战时的士兵也比其他人更加放荡无忌。眼前的快乐总是有意义的;无论什么东西,要是减少了其他目标的意义,必然给眼下的快乐赋予额外的影响和价值。

第二种可能时常会影响情感的哲学观点,源于将我们自己的处境与他人的处境相比较。甚至在日常生活中,我们也不断地做这样的比较;但不幸的是,我们总爱将我们的处境与比自己强的人相比较,而不是与不如自己的人相比较。哲人纠正了这个人性的缺点,他采用了相反的眼光,与处境不如自己的人比较,这样就会更加安于命定的处境。从这样的思考中,很少有人不感到安慰,尽管对于一个生性很善良的人来说,看到人生愁苦,产生的应是悲哀,而不是宽慰,而且,在悲叹自己的不幸之余,还会对他人的不幸产生深切的同情。这就是哲学,哪怕是关于慰藉这个哲学话题中最好的观点也有不尽如人意的地方。

我将用下面的话来总结对本题目的讨论:只要可以获得,美德无疑是最好的选择,但由于人世间的事情总是这样混乱不堪,就别指望此生能够获得对于幸福与苦难的完美或有规则的分配。我敢说,不只是幸运的事物与身体的素质（这两者都很重要），不只是这些优势，在有道之人和无德之人之间的分配是不公平的；而且，就心灵本身而言，它在某种程度上也带有这种不公平：由于情感的构成不同，品格最高的人并不总能享有最高的幸福。

可以观察到，尽管肉体的痛苦都来自某个部位或器官的失序，但痛苦的强弱并非总是与这种失序的程度成正比，而是取决于这个部位——有害的情感会对这个部位产生影响——感受力的强弱。**牙疼**引起的痛苦，大于**结核病**或**水肿**的痛苦。同样，就心灵的得失而言，我们或许可以说，一切邪恶都是有害的；但心灵的动荡或痛苦，自然并非根据邪恶的程度精确分配的；具有最高美德的人，即使排除了外在的偶然事故，也并非总是最幸福的。郁郁寡欢的性格，对于**我们的情感**而言，确实是一种恶或缺陷；但是，正如它可能与强烈的幽默感与正直品格相伴，在品格高洁的人身上，也可能发现这种性格，虽然仅是这种性格，就足以让人生痛苦，使一个有这种性格的人痛苦万分。反之，一个自私的恶棍可能具有活泼开朗的性格，一种**快乐的心态**。这的确是一个好品质。而且，这种性格获得的好处实在比它应得的多,如果运气不错的话,还能补偿因其他的邪恶而引起的不安与悔恨。

为了说明这一点,我还要补充几句。一个容易沾染邪恶或缺点的人,往往很可能还伴随着一种好品质,会让他感到比做一个十足的邪恶之徒还要痛苦。具有这种不良性格、容易感到痛苦的人,会比性情大度友善的人更加不幸,因为大度友善的性情使他能积极关心他人,能得到更多的幸运和奇遇。在一个有缺陷的人身上,羞耻感当然是一种美德,但它产生的是巨大的不安和悔恨,而这种不安和悔恨,一个死不改悔的坏人是绝不会有的。在爱情中,一个拥有一副温柔多情的模样却毫无友爱之心的人,比一个慷慨多情的人更容易感到幸福,因为慷慨多情更容易让一个人丧失自我,使他完全成为所欲对象的奴隶。

总之,人生更多是受运气而非理性支配。人生与其说是一桩严肃的事业,不如说是一场无聊的游戏。影响人生的,更多的是特定的性情,而非普遍的法则。那么,我们是否还应该带着热情与焦虑投入生活?我的回答是:人生不值得你太多的关注。这是不是意味着,我们应该对发生的一切都漠不关心？我的回答是：那样我们就会在漠不关心中失去人生这场游戏的一切乐趣。当我们思索人生时，生命就在流逝；尽管人们接受死亡的方式各有不同，但死亡对于蠢人和哲人却是一视同仁的。将人生归结提炼出法则或方法，通常是一件令人苦恼，也往往是无效的事情。这难道不也证明，我们过于看重争夺的奖品？甚至可以说，如此小心地对人生进行论证，想准确地把握其正义，也应该算是高估了人生的价值。若非如此，对于某些性格的人来说，这便是人生可能投入的最有趣的事业之一了。

图书在版编目（CIP）数据

论自杀 /（英）大卫·休谟著；李小均译. — 北京：商务印书馆，2023
（伟大的思想. 第一辑）
ISBN 978-7-100-22297-6

Ⅰ.①论… Ⅱ.①大… ②李… Ⅲ.①自杀 — 社会学 — 研究 Ⅳ.①C913.9

中国国家版本馆 CIP 数据核字（2023）第062405号

权利保留，侵权必究。

伟大的思想 第一辑
论 自 杀
〔英〕大卫·休谟 著
李小均 译

商 务 印 书 馆 出 版
（北京王府井大街36号 邮政编码 100710）
商 务 印 书 馆 发 行
山东临沂新华印刷物流
集团有限责任公司印刷
ISBN 978-7-100-22297-6

2023年9月第1版	开本 787×1092 1/32
2023年9月第1次印刷	印张 46¾

定价：260.00元（全十册）